Anne's Entdeckungen

Band 1

Körper, Geist und Seele
Gesundheitsroman
von Otto Frühbauer

Anne's Entdeckungen

Band 1
Der Ruf des Wassers
Kreislauf der Heilung

Körper, Geist und Seele
Gesundheitsroman
von Otto Frühbauer

Bibliografische Information der Deutschen Nationalbibliothek:
Die Deutsche Nationalbibliothek verzeichnet diese Publikation in der Deutschen Nationalbibliografie; detaillierte bibliografische Daten sind im Internet über dnb.dnb.de abrufbar.

Autor: Otto Frühbauer
Texte: © Copyright 2025 by Otto Frühbauer
Lektorat: Inge F. Dorfer-Petz
Umschlaggestaltung und Illustrationen:
    © Copyright 2025 by Otto Frühbauer
    (mittels midjourney erstellt und nachbearbeitet)

Kontaktadresse des Autors: otto@fruehpower.com

Verlag: BoD · Books on Demand GmbH
In de Tarpen 42, 22848 Norderstedt, bod@bod.de

Druck: Libri Plureos GmbH, Friedensallee 273, 22763 Hamburg

ISBN: 978-3-7693-3894-2

Unser Körper meistert unzählige Prozesse eigenständig, um uns fit und gesund zu halten – doch einige essentielle Substanzen, die unser Wohlbefinden unentbehrlich machen, kann er nicht selbst herstellen.

Diese wichtigen Bausteine müssen wir über hochwertige, gehaltvolle Lebensmittel aufnehmen. Lass dich von Anne's inspirierender Geschichte leiten und entdecke die natürlichen Schätze, mit denen Du Dein volles gesundheitliches Potenzial entfalten kannst.

Inhalt

Vorwort

Meine liebe Freundin, mein lieber Freund,

während ich diese Zeilen an Dich richte, fühle ich ein tiefes Dankbarkeitsgefühl in mir aufsteigen – für all die Menschen, die mir in Zeiten der Dunkelheit und des Zweifels zur Seite gestanden haben. Ich wünschte, ich könnte jeden Einzelnen beim Namen nennen. Doch wie die funkelnden Sterne am Nachthimmel sind es zu viele, um sie alle aufzuzählen. Sie haben mir gezeigt, dass das Leben nicht unser Feind ist, auch wenn es manchmal unbarmherzig erscheint. Vielmehr hat es uns Aufgaben anvertraut, an denen wir wachsen und erkennen dürfen, welche verborgenen Kräfte in uns schlummern.

Mit dieser kleinen Geschichte über Anne möchte ich Dir Mut machen. Ihr Weg war kein geradliniger Spaziergang, sondern eher ein Steilpfad durch dunkle Wälder und über schroffe Bergkämme. Aber gerade dort, wo die Steine am größten und die Felsen am unüberwindbarsten schienen, entdeckte sie, dass das Leben selbst uns seine Hand reicht – wie ein geduldiger Wanderführer, der uns auf verschlungenen Pfaden führt und uns die Schönheit dieser Reise zeigt.

Erlaube Dir, lieber Freund, in dieser Erzählung nicht nur eine Geschichte zu lesen, sondern Dich darin wiederzufinden. Wenn Dein eigener Weg Dich gerade über Stolpersteine und durch raue Stromschnellen führt, erinnere Dich daran: Die Klippen, die Dich jetzt noch schrecken, können morgen schon die Stufen sein, auf denen Du stehend die Weite erblickst.

Anne's Reise endete nicht am Ziel, sondern fand dort ihren Anfang: In dem Moment, als sie erkannte, dass jedes Hindernis ein stilles Geschenk des Lebens war. Es war nie darum gegangen, sie zu brechen, sondern sie ihre eigene, oft noch unentdeckte Kraft spüren zu lassen.

Ich hoffe, Du lässt Dich von Anne's Weg inspirieren und schöpfst daraus den Mut, eigene Steine umzudrehen, anstatt an ihnen zu verzweifeln.

Möge Dir diese Erzählung zeigen, dass unser Leben uns auf geheimnisvolle Weise immer wieder neu herausfordert – nicht, um uns zu strafen, sondern um uns zu erinnern, wer wir wirklich sind.

Fühl Dich auf diesem Weg herzlich umarmt – und wenn Du den Pfad gehst, dann geh ihn mit offenem Herzen und voller Vertrauen: Denn hinter jeder Klippe wartet ein weiter Horizont, und in jedem Sturm liegt die Chance, neu zu wachsen.

Kapitel 1: Der Ruf des Wassers

Anne lebte ein Leben, das von einer stillen Unruhe begleitet wurde – eine Unruhe, die nicht greifbar war, aber immerzu im Hintergrund ihres Daseins lauerte. Die Welt um sie herum drehte sich in einer Geschwindigkeit, die ihre Sinne erdrückte, und doch gab es in ihr den unausgesprochenen Wunsch, innezuhalten und sich selbst zu begegnen. Sie lebte in einer Stadt, die sie wie einen Käfig umgab. Der Asphalt brüllte, die Menschen eilten vorüber, und doch war es, als ob sie von einem zarten und unaufhörlichen Ruf begleitet wurde, der aus den Tiefen ihrer Seele kam.

Der Sommer neigte sich dem Ende zu, und an den Rändern der Stadt begann der Herbst die ersten Spuren zu hinterlassen. Die Blätter der Bäume verfärbten sich und fielen leise zu Boden. Anne wusste, dass der Herbst eine Zeit des Loslassens war und auch eine Zeit des Wachstums, das in der Dunkelheit wurzelte. Sie fühlte sich oft hin- und hergerissen – zwischen der Hektik der Welt und dem stillen, verborgenen Ruf der Erde, der sie in den Wald oder zum Fluss zog, wo sie die Verbindung zu sich selbst und zur Welt wiederfinden konnte.

Es war an einem dieser verhaltenen Tage, als Anne sich entschloss, dem Ruf zu folgen. Sie ging hinaus, den gewohnten Weg entlang, vorbei an den überfüllten Cafés und den lächelnden Gesichtern, die in ihren Gesprächen versanken. Doch als sie an den Rand der Stadt kam und den Duft des Waldes einatmete, wusste sie, dass sie hier in die Stille eintauchen würde, die sie so lange vermisst hatte.

Der Wald empfing sie mit einer sanften Ruhe, die sie fast sofort einhüllte. Hier, an diesem Ort, schien die Zeit ihren eigenen Rhythmus zu folgen. Der Fluss, den sie irgendwann erreichte, plätscherte ruhig vor sich hin und schien ihr eine leise Einladung zu geben, ihm zu folgen. Der Blick auf das Wasser beruhigte ihren Geist, ließ ihre Gedanken zur Ruhe kommen. Die unaufhörliche Suche nach Ziel und Erfüllung wich einer tieferen Frage – einer Frage, die nicht aus den zahllosen To-Do-Listen oder aus den hektischen Meetings entstand, sondern aus der Stille, die der Fluss in ihr auslöste.

„Was, wenn es nicht nur um das Streben nach Zielen geht?" fragte sich Anne. „Was, wenn es darum geht, in den Fluss des Lebens einzutauchen, in einen Rhythmus, der nicht von außen diktiert wird?"

Inmitten dieser stillen Frage kam sie an einem kleinen Felsen zum Sitzen. Der Fluss, der vor ihr hin und her plätscherte, schien ihr in seiner Bewegung einen Zauber zu offenbaren. Etwas in ihr begann zu heilen. Sie wusste, dass sie eine Reise beginnen musste – eine Reise, die sie zu sich selbst führen würde.

Der Fluss als Metapher

Als sie dort saß, umgeben von der weichen Melodie des Wassers, begann Anne zu verstehen, dass ihr Leben wie der Fluss war – manchmal ruhig, manchmal wild und immer wieder in Bewegung. Wie das Wasser, das nicht stillsteht, sondern sich immer weiter in das Unbekannte ergießt, so musste auch sie lernen, mit der Energie des Lebens zu fließen, anstatt gegen den Strom zu schwimmen. Ihre Unruhe war der Widerstand gegen den Fluss des Lebens, gegen die natürliche Bewegung des Seins.

Sie hatte immer geglaubt, dass sie den Fluss kontrollieren musste, dass ihr Leben einem festen Plan folgen sollte. Doch nun schien ihr der Fluss des Wassers eine andere Wahrheit zu offenbaren: Vielleicht war es der Widerstand gegen den Fluss, der sie krank machte, der sie von ihrer inneren Mitte entfernte. Der Fluss zeigte ihr, dass Gesundheit nicht nur die Abwesenheit von Krankheit war, sondern das Loslassen, das Vertrauen und das Fließen mit den Kräften des Lebens.

Die erste Berührung mit den essentiellen Substanzen

Am Abend, als sie den Wald verließ, verspürte Anne eine sanfte Erschöpfung, die jedoch nicht belastend war, sondern reinigend. Ihre Sinne waren erfrischt, ihr Geist klarer als zuvor. Doch als sie am nächsten Morgen erwachte, fühlte sie sich leer. Sie hatte den Fluss des Lebens zwar erahnt, doch etwas in ihr fehlte noch, um diese Verbindung wirklich zu begreifen.

Es war an diesem Tag, als sie auf einen alten Freund traf, der als Ernährungsberater arbeitete und mit dem sie immer wieder tiefgründige Gespräche über Gesundheit und das Leben führte. Sie setzten sich auf eine Bank im Park, und er begann, über die essentiellen Substanzen zu sprechen – über Vitamine, Mineralstoffe, Fettsäuren und Aminosäuren, die den Körper nähren und ihm ermöglichen, im Einklang mit der Welt zu leben.

„Stell dir vor, Anne", sagte er sanft, „dein Körper ist wie der Fluss, und die essentiellen Substanzen sind die Nährstoffe, die das Wasser am Fließen halten. Ohne diese Substanzen wäre der Fluss stagnierend, würde das Leben nicht in seiner vollen Kraft fließen. Doch mit ihnen kannst du die volle Energie des Lebens erfahren."

Anne hörte aufmerksam zu. „Warum fühle ich mich dann so erschöpft? Warum scheint es, als ob der Fluss in mir blockiert ist?" fragte sie.

„Es ist, als ob der Fluss ausgetrocknet ist", erklärte er. „Wenn die richtigen Nährstoffe fehlen – sei es ein Mangel an Vitamin D oder an den richtigen Fettsäuren – dann stagniert der Fluss des Lebens. Dein Körper kann nicht richtig fließen. Du bist aus der Balance geraten."

Die Worte ihres Freundes hinterließen einen tiefen Eindruck. Sie hatte immer gewusst, dass der Körper mehr war als nur ein mechanisches System. Aber nun begann sie, die essentiellen Substanzen als etwas zu sehen, das nicht nur die Körperfunktionen unterstützte, sondern auch Lebenskraft spendete – wie der Fluss, der das Land fruchtbar machte.

Die nächsten Schritte

Anne wusste, dass ihre Reise gerade erst begonnen hatte. Der Fluss, der in ihr floss, war nicht nur ein körperlicher Prozess – er war auch ein innerer Prozess der Erkenntnis. Sie musste lernen, die essentiellen Substanzen zu verstehen und in Einklang mit ihnen zu leben. In den kommenden Tagen würde sie tiefer in das Wissen eintauchen und die Verbindungen zwischen der Ernährung, der Seele und dem Körper weiter erkunden. Es war eine Reise der Selbsterkenntnis, die weit über den Körper hinausging.

Die Frage war nicht mehr, wie sie gegen den Fluss kämpfen konnte, sondern wie sie mit ihm fließen konnte – wie sie den Fluss der Heilung in sich selbst aktivieren konnte.

Kapitel 2: Der Schatten des Körpers

Anne erwachte am Morgen mit einem Gefühl der Leichtigkeit, das sie lange nicht gespürt hatte. Es war, als ob der frische, klare Luftstrom, den sie in der Nacht geatmet hatte, nun auch ihren Körper von innen durchdrang. Doch obwohl sie die Stille und den Frieden des Waldes genoss, spürte sie gleichzeitig eine Leere in sich – eine Leere, die sie nicht richtig einordnen konnte.

Ihr Körper war wie ein stiller Fluss, der von einer unsichtbaren Hand geführt wurde und in einer Richtung, die sie nicht verstand. In den letzten Jahren hatte sie so viele Stunden damit verbracht, sich von der Welt abzulenken – von den Anforderungen ihrer Arbeit, den Verpflichtungen und den ständigen Forderungen ihrer Umgebung. Doch jetzt, da sie sich in der Stille des Waldes wiederfand, sah sie klarer als je zuvor. Ihr Körper war nicht in Harmonie mit sich selbst.

„Was fehlt mir?", fragte sie sich. „Warum fühle ich mich so erschöpft, obwohl ich hier, umgeben von der Natur, den Ruhepol gefunden habe?"

Es war, als ob ihr Körper von einem inneren Schatten begleitet wurde – ein Schatten, der sie daran hinderte, wirklich in Einklang mit der Welt um sie herum zu leben. Ihr Körper war müde, selbst nach einer erholsamen Nacht. Ihre Muskeln fühlten sich schlaff an, und ihre Gedanken tanzten in einem Strudel aus Unsicherheit.

Sie wusste, dass dieser Schatten nicht nur körperlich war. Es war der Schatten einer lang anhaltenden Unausgeglichenheit, die sie in ihrem Alltag über Jahre hinweg ignoriert hatte. Eine Unausgeglichenheit, die tief in ihrem Körper und ihrer Seele verwurzelt war, eine Unausgeglichenheit, die sie durch die Entfremdung von ihren inneren Bedürfnissen erschaffen hatte.

Die Suche nach dem Ursprung

Anne ging zum Fluss, der nun in der Morgensonne glänzte. Das sanfte Rauschen des Wassers erinnerte sie an die Fließbewegung des Lebens, die auch in ihr fließen sollte – doch da war etwas, das den Fluss blockierte. Sie hatte das Gefühl, dass etwas in ihr nicht im Einklang mit der Welt war.

Ihre Schritte führten sie zu einer kleinen Bank am Ufer des Flusses. Sie setzte sich und schloss die Augen. „Was brauche ich, um wieder in den Fluss des Lebens einzutauchen?" fragte sie sich. „Warum fühlt sich mein Körper so leer an?"

Sie erinnerte sich an das Gespräch mit ihrem Freund, der ihr von den essentiellen Substanzen erzählt hatte. Diese Substanzen – die Vitamine, Mineralien, Fettsäuren und Aminosäuren – waren für ihren Körper genauso wichtig wie das Wasser für den Fluss. Ihre Energie und ihre Lebenskraft hingen davon ab, wie gut ihr Körper diese Substanzen in den Kreislauf ihres Lebens integrierte. Sie hatte zu lange ihre eigene Ernährung und ihre inneren Bedürfnisse vernachlässigt.

„Es geht nicht nur darum, was ich esse", dachte Anne. „Es geht darum, wie diese Substanzen miteinander harmonieren und wie ich sie in Einklang mit meinem Körper und der Welt bringe."

Der Schatten der Unwissenheit

Anne war sich bewusst, dass sie lange Zeit in einer Art Unwissenheit lebte, was die wahre Bedeutung der Ernährung und der essentiellen Substanzen betraf. Ihre Ernährung hatte sie als bloße Funktion des Überlebens betrachtet. Aber nun verstand sie, dass die Substanzen, die sie zu sich nahm, nicht nur den Körper nährten, sondern auch seelische und geistige Prozesse beeinflussten.

Der Mangel an bestimmten Vitaminen oder Mineralien konnte nicht nur körperliche Schwäche verursachen, sondern auch ihre Gefühlswelt und ihren Geist beeinflussen. In gewisser Weise war ihr Körper wie ein zerbrechliches Instrument, das nur dann in Harmonie spielte, wenn alle essentiellen Substanzen im richtigen Verhältnis miteinander vereint waren.

„Der Körper ist wie ein Orchester", dachte sie, „und jedes Vitamin, jeder Mineralstoff, jede Aminosäure, jede Fettsäure sind Instrumente, die alle zusammenspielen müssen. Wenn eines der Instrumente fehlt oder nicht richtig gestimmt ist, wird das ganze Orchester aus dem Gleichgewicht geraten."

Der erste Schritt der Heilung: Die Vitamine

Anne begann, sich intensiver mit den Vitaminen zu befassen, die sie in ihrer täglichen Ernährung zu sich nahm. Ihr Freund hatte ihr erklärt, dass Vitamine nicht nur der Körperpflege dienten, sondern dass sie die Lichtquellen für ihre Energie und ihre Gesundheit darstellten. Es war wie der Sonnenstrahl, der das Leben in der Natur ermöglicht – Vitamin D beispielsweise war der Sonnenstrahl, der den inneren Winter in Anne vertreiben konnte.

Sie dachte an Vitamin C und die Zitrusfrüchte, die es enthielten – das heilende Element, das ihre Immunkraft stärkte und ihr Körper gegen äußere Bedrohungen schützte. Vitamin A, das in der Karotte und in grünem Blattgemüse enthalten war, stand für das Licht, das den inneren Schatten vertreiben konnte, der sie in letzter Zeit gequält hatte.

„Vitamine sind die Lichtkräfte in mir", dachte Anne, „die mir helfen, den Fluss des Lebens zu verstehen und in Einklang mit meiner eigenen Natur zu leben."

Das Erwachen des Körpers

In den folgenden Wochen begann Anne, ihre Ernährung umzustellen. Sie stellte fest, dass sie nicht nur ihre Kraft und Energie zurückgewann, sondern auch eine tiefere Verbindung zu sich selbst spürte. Der Schatten in ihrem Körper, der sie so lange begleitet hatte, begann sich langsam zu verflüchtigen. Die Müdigkeit, die sie immer wieder überkam, verschwand, und ihr Geist begann klarer zu denken.

Doch Anne wusste, dass die Reise noch lange nicht abgeschlossen war. Sie hatte nur einen Teil des Kreislaufs der Heilung entdeckt, der in ihrem Körper und in ihrem Leben fließen musste. Der Fluss war noch nicht vollständig.

„Es gibt noch so viel zu entdecken", dachte Anne. „Die essentiellen Substanzen sind nur der Anfang. Ich muss verstehen, wie sie miteinander harmonieren und wie ich ihren Rhythmus spüren kann."

Mit dieser Erkenntnis setzte Anne ihre Reise fort. Sie wusste, dass die tiefere Wahrheit von Gesundheit und ganzheitlichem Leben in ihr selbst lag. Sie hatte bereits den ersten Schritt auf dem Weg zur Selbstheilung gemacht – nun musste sie die essentiellen Substanzen als Wegweiser für den inneren Fluss weiter erforschen.

Kapitel 3: Das Band der Mineralien

Die Tage vergingen, und Anne fühlte sich zunehmend mit einem inneren Frieden erfüllt, der ihr in den letzten Jahren so oft gefehlt hatte. Ihre Reise in die Welt der essentiellen Substanzen hatte sie bereits zu den Vitaminen geführt, und der Fluss der Heilung, den sie in sich entdeckt hatte, floss nun mit größerer Kraft. Doch tief in ihrem Inneren wusste sie, dass es noch mehr zu erfahren gab. Es war, als ob ein Teil des Rätsels noch ungelöst war, ein weiteres Puzzlestück, das den Kreislauf der Heilung vervollständigen würde.

„Die Vitamine sind die Strahlen des Lichts, die meine innere Dunkelheit vertreiben", dachte Anne an einem kühlen Herbstmorgen, als sie im Wald spazieren ging. „Doch es gibt noch etwas anderes. Etwas, das meine Struktur, mein Fundament bildet. Etwas, das mich festhält und stützt."

Es war an diesem Morgen, als Anne auf einem kleinen Felsen saß und den Fluss beobachtete, dass der Gedanke an die Mineralien in ihr aufkam – an jene stillen und unentbehrlichen Bausteine, die den Körper stabilisieren. Kalzium, Magnesium, Eisen – all diese Mineralien hatten ihre eigenen Funktionen, und Anne wusste nun, dass sie ohne sie wie ein Baum ohne Wurzeln war.

Das Fundament des Körpers

„Mineralien sind die Bausteine des Lebens", sagte sie leise zu sich selbst. „Sie geben dem Körper Stabilität, so wie die Wurzeln eines Baumes dem Baum Halt geben und ihn in die Erde verankern."

Sie erinnerte sich an das Gespräch mit ihrem Freund, der ihr erklärt hatte, dass Kalzium nicht nur für starke Knochen wichtig war, sondern auch für die Übertragung von Nervenimpulsen, die den Körper in Bewegung setzten. Magnesium, das Mineral, das den inneren Frieden förderte, war in vielen grünen Blattgemüsen enthalten und half dabei, den Herzrhythmus zu regulieren. Es war wie ein beruhigendes Element, das den Körper in einem Zustand von Balance hielt.

„Ohne Magnesium", dachte Anne, „fühlt sich mein Körper an wie ein Instrument, das ständig verstimmt ist."

Anne spürte eine tiefe Verbindung zu diesen Mineralien. Eisen zum Beispiel, das die Blutbildung und den Sauerstofftransport unterstützte, erinnerte sie an die lebensspendende Kraft des Atems. Wie das Blut, das im Körper zirkulierte, musste auch sie sich dem Fluss des Lebens anvertrauen und die Energie, die sie zu sich nahm, in Bewegung setzen.

Die Verbindung von Körper und Erde

Während Anne weiter darüber nachdachte, wie die Mineralien ihrem Körper Stabilität und Kraft verliehen, wurde ihr bewusst, dass diese Substanzen nicht nur physische Bedeutung hatten, sondern auch symbolische. Sie waren die Verbindung von Körper und Erde, die Essenz des Lebens, die aus den Tiefen der Erde aufstieg und den Körper durchdrang, um ihn am Leben zu erhalten.

„Die Mineralien sind wie die Erde selbst", dachte sie. „Still und doch kraftvoll. Sie sind die Wurzeln des Lebens, das Fundament, das den Körper hält."

Es war ein stiller Moment der Erleuchtung, der Anne tief berührte. Die essentiellen Mineralien waren nicht nur chemische Elemente – sie waren

Lebenskräfte, die in jedem Atemzug und in jeder Bewegung den Kreislauf des Lebens bildeten. Mineralien wie Zink, das die Immunkraft unterstützte, oder Jod, das für die Funktion der Schilddrüse wichtig war, waren mehr als nur Substanzen, die sie zu sich nahm. Sie waren das Bindeglied zwischen ihrem Körper und der Welt um sie herum, die Kraftquelle, die aus der Erde stieg und sie nährte.

Die Harmonie der Mineralien

Anne spürte ein wachsendes Gefühl der Harmonie, als sie begann, sich intensiver mit den verschiedenen Mineralien und ihrer Wirkung auf den Körper auseinanderzusetzen. Ihr Körper war wie ein Orchester, in dem jedes Instrument – jedes Mineral – seine eigene Funktion hatte. Erst in der richtigen Harmonie konnten alle Instrumente ihre volle Kraft entfalten.

„Es ist wie ein Musikstück", dachte Anne. „Jedes Mineral spielt seine eigene Melodie und nur wenn alle Mineralien zusammenarbeiten, entsteht die Musik des Lebens."

Sie erinnerte sich an eine Aussage aus einem Buch, das sie gelesen hatte: „Wenn wir die Mineralien in unserem Körper verstehen und ehren, dann können wir den Fluss des Lebens in vollen Zügen genießen." Es war eine Wahrheit, die sie nun tief in sich selbst spürte.

„Der Fluss des Lebens fließt nur dann ungehindert, wenn alle essentiellen Substanzen miteinander im Einklang sind", dachte Anne. „Die Mineralien sind wie die Fundamente, die den Fluss des Lebens halten und die Wurzeln der Heilung bilden."

Die Erkenntnis der Balance

Anne wusste, dass sie nun einen weiteren Schritt auf ihrer Reise getan hatte. Die Erkenntnis, dass der Körper wie ein harmonisches Orchester funktioniert, gab ihr ein neues Verständnis für ihre Gesundheit. Sie hatte die essentiellen Substanzen als lebendige Kräfte erkannt, die mehr waren als nur Nahrungsmittel. Sie waren die Weisheit und die Energie des Universums, die in jedem Moment durch ihren Körper flossen.

Doch sie wusste auch, dass diese Reise der Heilung niemals zu Ende sein würde. Sie hatte erst begonnen, die essentiellen Substanzen zu verstehen – und jetzt wusste sie, dass der wahre Weg zur ganzheitlichen Gesundheit in der Balance lag. Die Balance zwischen den Mineralien, den Vitaminen, den Aminosäuren und den Fettsäuren war der Schlüssel, um den Kreislauf der Heilung in ihrem Körper zu aktivieren.

„Es ist der Kreislauf des Lebens", dachte Anne. „Der Fluss, der nie endet, sondern sich immer wieder erneuert, wenn alle Teile im Einklang sind."

Sie stand auf und blickte auf den Fluss, der vor ihr hinplätscherte. Der Fluss war nicht nur das Wasser, das durch das Land floss, sondern der Kreislauf der Heilung, der sich in ihr selbst vollzog. Sie war bereit, weiter in diesem Fluss zu schwimmen und die Geheimnisse der essentiellen Substanzen weiter zu erforschen.

Kapitel 4: Die Alchemie der Fettsäuren

Anne saß an einem kleinen Tisch im Garten, umgeben von der sanften Stille des Morgens. Die Sonne hatte sich bereits über den Horizont erhoben und warf goldene Strahlen auf die frisch erblühten Blumen. Ihre Gedanken wanderten immer wieder zu dem, was sie zuletzt über die Mineralien gelernt hatte. Doch tief in ihrem Inneren spürte sie, dass ihr Verständnis noch unvollständig war. Der Fluss der Heilung war im Gange, und doch fehlte noch etwas, das den Körper und den Geist zu einer tieferen Harmonie führen konnte.

„Es ist, als ob der Fluss nicht richtig fließt", dachte Anne. „Es gibt etwas, das den Fluss blockiert – etwas, das noch in mir fehlt."

An diesem Morgen traf sie auf eine alte Freundin, die als Ernährungsberaterin arbeitete. Die Freundin, eine weise Frau mit einem sanften Lächeln, setzte sich neben sie und begann von den Fettsäuren zu sprechen. Anne hörte ihr aufmerksam zu, als sie die geheimnisvollen Eigenschaften dieser Substanzen erklärte.

„Fettsäuren sind nicht einfach nur Energiequellen", sagte die Freundin, „sie sind der Schlüssel zur Verbindung von Körper und Geist. Sie sind wie die Alchemie des Lebens – sie ermöglichen es deinem Körper, zu heilen, sich zu regenerieren und in Balance zu bleiben."

Anne war fasziniert. Sie hatte immer nur gehört, dass Fettsäuren wichtig für den Körper seien und nie verstanden, warum sie in so vielen Kontexten als so bedeutend beschrieben wurden. Ihre Freundin fuhr fort:

„Omega-3-Fettsäuren sind besonders wichtig, weil sie den Geist und das Herz nähren. Sie sind wie die Verbindung zwischen der inneren Weisheit und der äußeren Welt. Omega-6-Fettsäuren hingegen fördern die Haut und die Zellen, doch der wahre Schlüssel liegt im Verhältnis zwischen diesen beiden. Zu viel von einer Seite und zu wenig von der anderen kann den Fluss des Lebens blockieren."

Die Essenz der Fettsäuren

Anne konnte sich plötzlich die Bedeutung dieser Fettsäuren vorstellen. Sie waren nicht nur Nahrung, sie waren Katalysatoren, die den Körper in Bewegung hielten und ihn vor den Schatten schützten, die ihn von innen heraus zerstören konnten. Fettsäuren waren wie die Treibstoffe für den inneren Motor des Körpers, die den Geist vor den Stürmen der Welt bewahrten.

„Es ist, als ob Fettsäuren das ideale Schmiermittel sind, der den inneren Motor des Körpers in Gang hält", dachte Anne, „sie sorgen dafür, dass die Zahnräder des Körpers sanft ineinandergreifen, ohne dass sie sich abnutzen."

Sie erkannte, dass diese Fettsäuren die Brücke waren, die den Körper mit dem Geist und der Seele verband. Sie förderten nicht nur die körperliche Gesundheit, sondern auch die geistige Klarheit und die emotionale Stabilität. In ihrer Vorstellung begannen sich die Fettsäuren wie der Nebel des Morgens zu entwirren und der Welt neue Formen zu geben. Sie waren jene geheimnisvollen Substanzen, die die Teile des Körpers wirksam verbinden und sie in Bewegung hielten.

„Ohne sie", dachte sie, „würde der Körper nicht im Einklang mit dem Geist stehen. Die Fettsäuren geben uns den Raum zum Atmen, sie helfen uns, die Welt klarer zu sehen."

Fettsäuren als Regeneratoren

Anne begab sich auf eine Reise der Entdeckung. Sie begann, sich tiefer mit der Welt der Fettsäuren auseinanderzusetzen. Sie fand heraus, dass Omega-3 nicht nur in Fischöl, sondern auch in bestimmten Pflanzenölen und Nüssen enthalten war – Leinsamen sind wahre Schätze der Natur, die ihre körperliche Regeneration förderten. Diese essentiellen Fettsäuren waren in der Lage, Entzündungen zu lindern, Gewebe zu reparieren und den Blutdruck zu regulieren.

Doch Anne erfuhr noch mehr. Sie lernte, dass die Fettsäuren wie geheimnisvolle Fädchen des Körpers waren, die den Nervenzellen halfen, ihre Verbindungen zu stärken, und den Geist schärften. Es war, als ob sie die Brücke zwischen der physischen Welt und der geistigen Klarheit bildeten.

„Sie geben dem Geist die Klarheit, die er braucht, um in dieser chaotischen Welt zu navigieren", dachte Anne. „Sie geben mir den Raum, um Verständnis zu finden, um zu erkennen, wie ich mich selbst heilend fühle."

Die alchemistische Heilung

Am nächsten Tag nahm Anne ihre neue Erkenntnis in ihre Ernährungsweise auf. Sie begann, mehr Omega-3-reiche Lebensmittel in ihre Mahlzeiten zu integrieren und auch auf die richtigen Verhältnisse zwischen den Fettsäuren zu achten. Fettsäuren waren nicht nur Nahrungsmittel, sondern Heilkräfte, die den Fluss ihres Körpers unterstützten.

„Ich spüre, wie meine Zellen sich erfrischen", dachte sie, als sie nach einigen Tagen bemerkte, wie ihre Haut strahlte und ihr Geist klarer wurde. „Es ist, als ob die Fettsäuren wie ein unsichtbarer Heilungsfluss durch mich hindurchfließen, der nicht nur meinen Körper, sondern auch meinen Geist nährt."

Der Einfluss der Fettsäuren war tiefgreifend. Omega-3 und Omega-6 ergänzten sich perfekt und schufen den inneren Gleichklang, den Anne gesucht hatte. Sie fühlte, wie ihre innere Energie wuchs, wie die Blockaden in ihrem Geist und Körper allmählich verschwanden. Es war, als ob sie sich auf eine neue Weise selbst entdeckte – als ob die Alchemie der Fettsäuren in ihrem Körper ihre wahre Form fand.

Der innere Rhythmus

Eines Abends, als Anne tief in der Stille des Waldes saß, spürte sie einen neuen Rhythmus in sich. Ihre Gedanken waren klar und ruhig, ihr Körper fühlte sich stark und regeneriert an. Sie war in Einklang mit dem Fluss des Lebens, in dem die Fettsäuren eine Rolle spielten, die sie noch nie ganz verstanden hatte.

„Es ist wie der Takt einer Melodie", dachte sie. „Der Fluss des Lebens, die essentiellen Substanzen, die uns im Inneren nähren. Die Fettsäuren sind wie der Herzschlag dieser Melodie, der uns immer wieder in die richtige Richtung führt."

Anne fühlte sich in einem Zustand der ganzheitlichen Heilung, in dem alle Teile ihres Körpers und Geistes miteinander harmonisierten. Die essentiellen Substanzen, die sie aufgenommen hatte, hatten nicht nur ihren Körper gestärkt, sondern auch ihren Geist befreit.

Kapitel 5: Die Erkenntnis der Symbiose

Die ersten Tage nach ihrer Entdeckung der Fettsäuren brachten Anne eine neue Leichtigkeit, die sie sich nie erhofft hätte. Ihr Körper schien in einen natürlichen Rhythmus zu fallen, und die innere Ruhe, die sie spürte, war eine, die sie seit Jahren nicht mehr gekannt hatte. Doch während sie diesen ersten Schritt in ihrer Reise der Selbstheilung ging, begann sie zu spüren, dass ihr Verständnis noch unvollständig war. Der Fluss der Heilung hatte in ihr einen neuen Zustand des Gleichgewichts geschaffen, doch Anne wusste, dass wahre Gesundheit nicht nur durch einzelne Substanzen erreicht werden konnte. Es war das Zusammenspiel, die Symbiose aller essentiellen Substanzen, die den Kreislauf der Heilung wirklich vervollständigen würden.

Es war ein kühler Morgen, als Anne in ihrem Garten saß, umgeben von den Farben des Herbstes, als der Gedanke an die Symbiose der essentiellen Substanzen in ihr aufkam. Sie erinnerte sich an das Bild, das ihr Freund ihr einst gezeigt hatte – ein Gewebe, in dem jede Faser untrennbar mit der anderen verbunden war. So wie das Leben selbst nicht aus einem einzelnen Teil bestand, sondern aus einem harmonischen Zusammenspiel von vielen, so war es auch im Körper. Anne begann zu verstehen, dass kein Vitamin, kein Mineral, keine Fettsäure oder Aminosäure isoliert für die Gesundheit verantwortlich war. Es war das Zusammenspiel aller dieser Substanzen, das den Fluss des Lebens ermöglichte.

Das Netzwerk der essentiellen Substanzen

„Alles im Leben ist miteinander verbunden", dachte Anne, „und so ist es auch im Körper. Die essentiellen Substanzen sind nicht nur einzelne Bausteine, sondern Teil eines lebendigen Netzwerks, das in ständiger Bewegung ist."

Anne wusste, dass sie die Symbiose der essentiellen Substanzen verstehen musste, wenn sie wirklich gesunde Entscheidungen treffen wollte. Sie begann, tiefer in die Rolle der Aminosäuren, der Mineralien und der Vitaminen einzutauchen, um zu sehen, wie sie sich gegenseitig beeinflussten. Magnesium und Kalzium beispielsweise waren nicht nur für die Knochengesundheit wichtig – sie mussten in einem bestimmten Verhältnis zueinander stehen, damit der Körper das richtige Gleichgewicht finden konnte.

„Wie die Fettsäuren, die den Körper zusammenhalten, so brauchen auch die Mineralien ihre Partner", dachte sie. „Ohne Vitamin D kann der Körper kein Kalzium richtig aufnehmen, und ohne Vitamin C können wir die Eisenaufnahme nicht unterstützen. Es ist alles miteinander verwoben, als ob jede Substanz auf die andere reagiert."

Sie nahm ein Notizbuch und begann, die essentiellen Substanzen zu skizzieren und deren Wechselwirkungen zu notieren. Aminosäuren, die als Bausteine der Proteine fungierten, bildeten die Struktur des Lebens. Ihre Wirkung war nur dann effektiv, wenn die richtigen Mineralien und Vitamine sie unterstützten. Sie stellte sich vor, wie die Mineralien wie Baumeister im Körper waren, während die Fettsäuren als Fäden dienten, die die Zellen zusammenhielten.

„Wenn alles in Harmonie ist, dann fließt der Fluss des Lebens ungehindert. Wenn nur ein Teil des Netzwerks fehlt oder aus dem Gleichgewicht gerät, dann entstehen Blockaden", dachte Anne.

Die Wiedergeburt des Körpers

In den kommenden Wochen begann Anne, ihre Ernährung noch mehr zu verfeinern und auf das perfekte Zusammenspiel der Substanzen zu achten. Sie experimentierte mit verschiedenen Nahrungsmitteln, die Vitamine, Mineralien, Aminosäuren und Fettsäuren in den richtigen Verhältnissen beinhalteten. Sie lernte, dass zum Beispiel grünes Blattgemüse und Nüsse nicht nur Fettsäuren und Mineralien lieferten, sondern auch ganzheitlich den Körper unterstützten, wenn sie in Kombination mit Vitamin E und C eingenommen wurden. Diese Nahrung war wie der göttliche Balsam, der ihren Körper heilte und sie mit neuer Energie versorgte.

Und Anne dachte sich: „Es ist, als ob jeder Bissen Nahrung ein Teil meines Wiederaufbaus ist. Nach einem nährenden Mahl fühle ich einen Jungbrunnen in mir. Die Substanzen, die ich in mir aufnehme, sind wie die Pinselstriche, mit denen ich das Bild meiner Gesundheit male."

Die tiefere Erkenntnis der Symbiose

Doch inmitten der körperlichen Veränderungen begannen auch emotionale und geistige Transformationen in Anne stattzufinden. Sie erkannte, dass der Kreislauf der Heilung nicht nur durch die richtige Ernährung, sondern auch durch die inneren Glaubenssätze und Gedanken, aktiviert wurde. Es war, als ob die Symbiose der essentiellen Substanzen nicht nur auf den Körper beschränkt war, sondern auch auf ihre Seele und ihren Geist ausstrahlte.

„Der Körper ist der Tempel des Geistes", dachte Anne. „Und die essentiellen Substanzen sind der göttliche Funke, der den Körper heilt. Der wahre Schlüssel zur Heilung ist, auch den Geist zu befreien, die Seele zu nähren und sich selbst zu lieben."

In den stillen Momenten, wenn sie auf den Fluss blickte, erkannte sie, dass der wahre Fluss der Heilung durch ihr Inneres floss. Es war das Zusammenspiel von Körper, Geist und Seele, das sie in Harmonie brachte.

„Gesundheit ist kein Zustand, sondern ein Prozess", dachte Anne. „Es ist das ständige Streben nach Balance, das ständige Fließen im Einklang mit den Kräften des Lebens."

Der Fluss der Heilung fließt weiter

Anne wusste nun, dass sie auf der richtigen Reise war. Ihre Entdeckung der Symbiose der essentiellen Substanzen hatte sie nicht nur körperlich verändert, sondern ihr auch das Verständnis dafür gegeben, wie tief der Kreislauf der Heilung in ihr selbst und in der Welt um sie herum verwurzelt war. Sie hatte den Fluss des Lebens verstanden und wusste, dass er nie stillstand. Es war ein fortwährender Prozess, der sie ein Leben lang begleiten würde.

„Der Fluss fließt in einem Zyklus", dachte Anne, „und mit jedem neuen Tag wird der Fluss stärker, klarer und reiner. Ich bin Teil dieses Kreislaufs, und ich werde nie aufhören, mich ihm zu öffnen."

Mit dieser Erkenntnis setzte Anne ihre Reise fort, bereit, noch tiefer in die Geheimnisse der essentiellen Substanzen einzutauchen und ihre Reise der ganzheitlichen Heilung fortzusetzen.

Kapitel 6: Der verborgene Fluss der Aminosäuren

Anne wachte früh auf, und der goldene Morgenstrahl, der sanft durch das Fenster fiel, gab ihr das Gefühl, in einem magischen Moment des Neubeginns zu leben. Ihre Reise der Heilung war in den letzten Wochen auf eine Weise gewachsen, die sie nicht erwartete. Sie hatte viel über die essentiellen Substanzen gelernt – von den Vitaminen über die Mineralien bis hin zu den Fettsäuren – und doch wusste sie, dass ein weiterer verborgener Schlüsselbund noch auf sie wartete: Aminosäuren.

Sie hatte immer gewusst, dass Aminosäuren auch Bausteine des Lebens waren, doch was das genau für sie selbst bedeutete, hatte sie noch nicht vollständig verstanden. Ihre Freundin, die ihr schon so viele wertvolle Erkenntnisse vermittelt hatte, hatte oft betont, dass Aminosäuren nicht nur die körperliche Struktur des Lebens bildeten, sondern auch eine tiefe Verbindung zum Geist und zur Seele hatten. Es war an der Zeit, dass Anne sich tiefer in dieses Mysterium begab.

„Aminosäuren sind die Worte des Körpers", sagte sie leise zu sich selbst. „Sie bilden die Sprache des Lebens, durch die jede Zelle kommuniziert, sich erneuert und in Harmonie bleibt."

Die Bausteine der Seele

Anne wusste, dass sie in ihrer Reise zu den Aminosäuren nicht nur die Grundlagen der Proteine und deren Bedeutung für den Körper ergründen musste, sondern auch, wie diese Moleküle mit ihrer Seele und Stimmung verbunden waren. Tryptophan, eine Aminosäure, die in der dunklen Schokolade und den Eiern enthalten war, hatte eine besondere Bedeutung. Es war bekannt dafür, den Körper mit Serotonin zu versorgen, jenem „Glückshormon", das die Stimmung erhellte und den Geist mit einem Gefühl des Wohlbefindens erfüllte. Tyrosin, eine weitere wichtige Aminosäure, beeinflusste die Produktion von Dopamin und Adrenalin, die den Energielevel steigerten und den Körper in Bewegung hielten.

„Die Aminosäuren sind wie Pinselstriche im Bild meines Lebens", dachte Anne, „sie geben den Farben Energie und der Stimmung ihre Form."

Sie spürte, wie tief diese Aminosäuren mit ihrem inneren Zustand verbunden waren. Sie hatte Zeiten in ihrem Leben gehabt, in denen sie sich gefangen fühlte, als ob die Worte des Körpers nicht mehr in der richtigen Sprache sprechen. In diesen Momenten hatte sie das Gefühl, dass ihr Körper und Geist nicht mehr im Einklang waren. Doch nun verstand sie, dass der Schlüssel zu diesem inneren Dialog in den Aminosäuren lag.

Die heilende Kraft der Aminosäuren

Eines Tages setzte sich Anne mit einem heißen Kräutertee an ihren Schreibtisch und begann, tiefer in das Thema der Aminosäuren einzutauchen. Sie las, dass Lysin, eine essentielle Aminosäure, in vielen proteinreichen Nahrungsmitteln enthalten, für die Regeneration und Wachstum des Körpers entscheidend war. Besonders in Phasen der Erholung nach stressigen oder anstrengenden Zeiten hatte Lysin eine heilende Wirkung auf den Körper und half, die Immunkraft zu stärken.

„Es ist, als ob Lysin wie ein Schlüssel ist, der die Zellen heilt und den Körper wieder in den Fluss bringt", dachte sie. „Es hilft dem Körper, neue Wege zu finden, sich selbst zu erneuern und zu regenerieren. Es stärkt nicht nur die Körperzellen, sondern auch den Geist, der aus der Erschöpfung herauskommt."

Aminosäuren waren nicht nur für die körperliche Heilung wichtig. Anne lernte, dass sie auch emotionale Wunden heilen konnten. Glutamin, eine nicht-essentielle Aminosäure, war für das Gehirn von großer Bedeutung. Es wirkte als Botenstoff und war an der Signalübertragung im Gehirn beteiligt. Diese Aminosäure half Anne, ihre Gedanken klarer zu fassen und den inneren Dialog in Einklang zu bringen.

„Glutamin ist wie der Faden, der die Gedanken miteinander verbindet und dem Geist Klarheit gibt", dachte Anne. „Es hilft mir, die Fäden meines Lebens zusammenzuhalten."

Die Brücke von Körper und Geist

Anne erkannte, dass Aminosäuren die Brücke zwischen ihrem körperlichen und geistigen Zustand bildeten. Sie waren der Katalysator, der ihre Seele heilte, indem sie die Stimmung stabilisierten und das emotionale Gleichgewicht wiederherstellten. Es war nicht nur die physische Wirkung, die sie begann zu verstehen, sondern auch die geistige Heilung, die durch die richtige Ernährung in Gang gesetzt wurde.

„Wenn mein Körper in einem Zustand der Heilung ist", dachte Anne, „dann beginnt auch mein Geist zu heilen. Der Kreislauf der Heilung ist vollständig, wenn der Körper und der Geist miteinander im Einklang sind."

In den folgenden Tagen begann Anne, gezielt Nahrungsmittel in ihre Ernährung zu integrieren, die reich an den essentiellen Aminosäuren waren. Sie stellte sicher, dass ihre Mahlzeiten reich an Proteinquellen wie Linsen, Kichererbsen, Tofu und Eiern waren, um ihren Körper mit den richtigen Aminosäuren zu versorgen. Sie merkte schnell, dass die Wirkung auf ihren Geist genauso bemerkenswert war wie auf ihren Körper.

Die Harmonie im Fluss des Lebens

Anne spürte, wie ihr innerer Fluss immer weiter in Harmonie kam. Die Aminosäuren hatten ihr geholfen, den Kreislauf der Heilung zu vervollständigen – sie gaben ihrem Körper und Geist die Energie, die Stabilität und die Klarheit, die sie benötigte, um weiter zu wachsen. Die Blockaden, die sie einst fühlte, begannen zu verschwinden, und der Fluss des Lebens konnte sich nun noch weiter in ihr ausbreiten.

„Die Aminosäuren sind wie Schlüssel, die die Tore zu einem Leben voller Lebenskraft öffnen", dachte Anne. „Sie erinnern mich daran, dass Heilung niemals nur körperlich oder geistig ist, sondern immer beide Aspekte umfasst."

Anne wusste nun, dass sie auf dem richtigen Weg war, den Kreislauf der Heilung zu finden. Doch sie war sich auch bewusst, dass ihre Reise nicht zu einem Ziel führte. Der Fluss, den sie jetzt so deutlich spürte, war nicht ein Fluss, der irgendwann enden würde. Es war der Fluss des Lebens, der immer weiterfloss, immer in Bewegung blieb und immer nach Harmonie strebt.

Kapitel 7: Die Symbiose des Lebens

An einem goldenen Spätsommerabend saß Anne in ihrem kleinen Wintergarten, umgeben von sanftem Blätterrauschen und dem warmen Duft reifer Pfirsiche. Draußen glitzerte die Sonne über den Bäumen, und in ihr selbst glomm ein Feuer, das sie seit Monaten begleitete. Noch vor Kurzem hatte sie an einem Scheideweg gestanden, zerrissen zwischen alten Gewohnheiten und der Sehnsucht nach einem vollkommeneren Leben. Doch in den letzten Wochen und Monaten war vieles in ihr ins Rollen gekommen – eine Entwicklung, die in ihrem Herzen wie ein Sturm wirkte und sie gleichzeitig auf einen ganz neuen Pfad führte.

Während sie ihrem Spiegelbild im Fenster gegenüberstand, wurde Anne bewusst, dass ihre Gedanken wie Samen waren, die im verborgenen Garten ihrer Seele wuchsen. So wie manche Pflanzen Dornen tragen, bargen auch viele ihrer Überzeugungen spitze Stacheln. Sobald sie den Mut aufbrachte, diese dornigen Glaubenssätze bewusst aus der Erde zu ziehen, spürte sie eine tiefe Erleichterung. In diese frei gewordene Erde konnte sie neue Samen einpflanzen: Ideen von Selbstvertrauen, Selbstliebe und der Bereitschaft, ihren Körper endlich wie einen geliebten Verbündeten zu behandeln – nicht wie eine Belastung.

Mit dieser Erkenntnis begann auch ihr Körper, sich zu Wort zu melden. Seine leise und eindringliche Stimme war wie ein unablässiges, kaum wahrnehmbares Pochen, das sie zur Umkehr rief: zu mehr Achtsamkeit und Respekt. „Ich bin kein Mülleimer", sagte diese Stimme. „Ich bin ein Tempel – baue mich wieder auf." Und so wurde Anne's Küche zu einer Art Labor des Lebens, in dem sie mit neuen Zutaten experimentierte: frischem Gemüse, leuchtenden Früchten, Nüssen, Samen, Kräutern. Es war, als hätte sie die Tore zu einer Schatzkammer geöffnet, deren Reichtümer sie früher achtlos übersehen hatte.

Jeder Bissen, den sie nun zu sich nahm, war wie ein Tanzschritt in einem prächtigen Ballsaal. Plötzlich schmeckte sie die Süße von Paprika, das saftige Grün von Spinat und die sonnige Frische von Zitrusfrüchten. Wie auf einer rauschenden Feier, bei der Licht und Musik in alle Richtungen strömen, spürte sie, wie ihr Körper erwachte. Sie erkannte, dass Nahrung nicht nur bloße Kalorienzufuhr war, sondern ein liebevoller Akt der Selbstfürsorge, der neue Energie in jede Zelle strömen ließ.

Doch so wohltuend diese Veränderungen auch waren, musste Anne sich in stillen Momenten ihren Schatten stellen – jenen alten Gewohnheiten und Ängsten, die sie manchmal wie dunkle Wolken umgaben. Da war die alte Stimme, die sie aufforderte, zu schnellen Snacks und Gedanken des Selbstzweifels zurückzukehren. Doch anstatt wegzulaufen, blieb sie. Sie betrachtete ihre alten Muster wie Gespenster im Mondschein und stellte ihnen die Frage: „Warum seid ihr hier?" Erst durch dieses mutige Innehalten löste sich der Bann. Anne spürte, wie jeder Sieg gegen ein altes Muster sie stärker machte. Die Wolken verzogen sich, das Licht in ihr flammte heller auf.

Sie wurde zur Alchemistin ihrer eigenen Emotionen. Aus Wut wurde Schaffenskraft, aus Unsicherheit wurde Neugier, aus Enttäuschung wurde die Bereitschaft, es diesmal besser zu machen. Wie ein Magier, der trübes Metall in pures Gold verwandelt, schöpfte sie aus ihren Empfindungen neue Energie. Jeder Tag, an dem sie bewusst entschied, sich dem Leben zuzuwenden – mit gesunder, bunter Kost und klaren, liebevollen Gedanken – schmiedete sie ein Stück mehr an ihrer neuen Identität.

Dieser Weg war wie eine Brücke, die über eine tiefe Schlucht führte. Die eine Seite repräsentierte Anne's alte Welt voller Gewohnheiten, Bequemlichkeit und Selbstzweifeln. Die andere Seite leuchtete in den Farben des Mutes, der Gesundheit und der Selbstfürsorge. Jeder Schritt, den sie auf den Brückenbogen machte, rief ihr zu: „Vertraue! Du bist fähig, das Ufer zu erreichen." Manchmal waren ihre Schritte sicher, manchmal zögerlich. Doch sie blieb in Bewegung – wusste, sie durfte sich nicht fürchten, denn das Ufer in der Ferne versprach ein neues, strahlendes Land.

Am Ende dieser Reise, die zugleich immer neu beginnt, steht Anne's Erkenntnis: Veränderungen entstehen nicht zufällig, sondern aus bewusstem Tun. Wer den eigenen Körper und Geist achten will, muss lernen, beide Flügel zu öffnen: den Flügel der gesunden Ernährung und den Flügel der klaren, freundlichen Gedanken. Nur im Einklang dieser zwei Kräfte erhebt sich das Leben zur vollen Höhe.

Und so lässt Anne, während die letzten Strahlen der Sonne den Himmel mit einer sanften Glut färben, einen stillen Appell an alle erklingen, die sich in einem ähnlichen Umbruch befinden: „Fülle deinen Teller mit Farben und dein Herz mit Licht, so wirst du erkennen, was dich wirklich nährt. Wenn du mutig die alten Schatten vertreibst, entdeckst du den Schatz, der schon lange in dir schlummert.“

In diesem Augenblick ist sie sich sicher: Jeder neue Tag, den sie mit offenem Geist und fürsorglichen Händen gestaltet, ist eine Einladung an das Leben, sich ihr in seiner ganzen Fülle zu offenbaren. Und sie hat gelernt, dass es niemals zu spät ist, den ersten Schritt auf die Brücke zu setzen – dorthin, wo Gesundheit, Freude und innere Freiheit warten.

Epilog:

Gesunde Ernährung und mentale Gedankenhygiene sind die beiden Flügel desselben Vogels, der sie in Richtung eines tieferen, erfüllten Lebens trug.

Die Botschaft an Dich:
Werde Deine eigene Heldin, werde Dein eigener Held

Alle Kapitel gipfeln in einer machtvollen Einladung: Werde Dein eigener Held und wage es, Dein Leben so zu gestalten, dass Dein Körper, Dein Geist und Dein Herz in Harmonie schwingen.

Gesunde Ernährung ist der Rhythmus, zu dem Dein Körper tanzt. Lerne wieder, das Orchester der Vitamine, Aminosäuren und Mineralstoffe zu dirigieren.

Mentale Gedankenhygiene ist das Lied, das Deine Seele singt. Reinige Deine Gedanken täglich, wie Du Dein Zuhause aufräumst.

Nur wenn Körper, Geist und Seele zusammenwirken, erhebt sich die Lebensmelodie zu ihrer wahren, berührenden Schönheit.

Ein poetischer Appell

„Fülle Deinen Teller mit Farben und Dein Herz mit Licht,
so wirst Du erkennen, was Dich wirklich nährt.
Wenn Du mutig die alten Schatten vertreibst,
entdeckst Du den Schatz, der längst in Dir schlummert.“

Mögen diese Zeilen wie eine Fackel für Dich leuchten und Dich daran erinnern, dass wahre Veränderungen nur dann stattfinden, wenn du das Feuer in Dir entfachst!

Anhang: Das Notizbuch von Anne

Anne's Notizen über die Vitamine:

Vitamin A – Der Hüter des Lichts

Vitamin A ist wie der Lichthüter, der dafür sorgt, dass wir sehen und die Welt um uns in klaren, lebendigen Farben erleben. Es hilft nicht nur, unsere Sehkraft zu erhalten, sondern spielt auch eine entscheidende Rolle für das Immunsystem und die Hautgesundheit. Vitamin A ist wie die Glühbirne, die den Raum erleuchtet und uns in der Dunkelheit des Lebens den Weg weist. Ohne es wäre der Körper wie ein Raum ohne Licht, der in der Dunkelheit bleibt.

„Vitamin A hilft uns, in der Dunkelheit zu sehen, schützt unsere Haut vor äußeren Einflüssen und stärkt die Abwehrkräfte gegen Krankheiten."

Lebensmittelquellen:
- Karotten – Die goldenen Strahlen, die uns mit der Energie des Sonnenlichts versorgen.
- Grünes Blattgemüse (z.B. Spinat, Grünkohl) – Die grünen Wächter, die uns die Kraft des Lebens bringen.
- Leber – Der Stärkeschatz, der uns mit der essenziellen Kraft versorgt.
- Eier – Die Sonnenfunken, die uns mit Energie versorgen und unsere Gesundheit stärken.

Vitamin B1 (Thiamin) – Der Funke der Energie

Vitamin B1 ist der Funke, der die Energie im Körper entzündet. Es hilft uns, die Energie aus Nahrung wie Kohlenhydraten und Fetten zu gewinnen. Vitamin B1 ist wie der Zünder eines Feuers, das die Stoffwechselprozesse am Leben hält. Ohne Thiamin würde der Körper wie ein Motor ohne

Funken funktionieren – es würde keine Energie erzeugt und der Körper würde ins Stocken geraten.

„Vitamin B1 sorgt dafür, dass wir die notwendige Kraft und Ausdauer haben, um gut durch den Tag zu kommen und uns den Herausforderungen des Lebens zu stellen.“

Lebensmittelquellen:
- Bierhefe hat mit Abstand den höchsten Gehalt
- Vollkornprodukte (z.B. Haferflocken, Vollkornbrot) – Die Brennstoffe, die uns mit langer Energie versorgen.
- Schweinefleisch – Der Kraftspender, der uns mit allem versorgt, was wir brauchen.
- Hülsenfrüchte (z.B. Linsen, Bohnen) – Die Herzen der Energie, die uns stärken und stabilisieren.
- Nüsse – Die körnigen Speicher, die uns die nötige Power verleihen.

Vitamin B2 (Riboflavin) – Die Flügel der Regeneration

Vitamin B2 ist wie der Flügel, der unsere Zellen regeneriert. Es hilft dabei, die Zellen zu erneuern und sorgt dafür, dass die Haut, die Haarstruktur und die Augen gesund bleiben. Vitamin B2 ist wie der Wind, der uns die Kraft gibt, uns zu erneuern und zu heilen. Ohne Riboflavin würde der Körper wie ein Flügel ohne Wind sein – inaktiv und unfähig, sich selbst zu regenerieren.

„Vitamin B2 unterstützt die Regeneration und sorgt dafür, dass die Zellen mit der richtigen Energie versorgt werden.“

Lebensmittelquellen:
- Milchprodukte (z.B. Käse, Joghurt) – Die Flügel der Erneuerung, die uns mit allem versorgen, was wir brauchen.

- Eier – Die leuchtenden Kerne, die uns mit der nötigen Energie für Heilung versorgen.
- Grünes Blattgemüse (z.B. Spinat, Mangold) – Die natürliche Erneuerung, die uns stärkt und regeneriert.
- Mandeln – Die stärkenden Quellen, die unseren Körper von innen heraus aufbauen.

Vitamin B3 (Niacin) – Der Motor der Erneuerung

Vitamin B3 ist wie der Motor, der den Körper antreibt und dafür sorgt, dass alles reibungslos funktioniert. Es hilft, den Stoffwechsel von Fetten, Proteinen und Kohlenhydraten zu regulieren, damit die Energie aus der Nahrung effizient genutzt wird. Vitamin B3 ist wie der Schlüssel zu einem intakten Kreislaufsystem, das sicherstellt, dass alle Organe optimal versorgt werden.

„Vitamin B3 hält das Herz und die Blutgefäße gesund und sorgt dafür, dass die Energie gleichmäßig im Körper verteilt wird. Senkt den „schlechten" LDL-Cholesterinwert, hebt den „guten" HDL-Cholesterinwert und senkt die Triglyzeride im Blut."

Lebensmittelquellen:
- Fische: Sardine, Makrele, Thunfisch, Lachs
- Fleisch und Innereien – Rinderleber, Kalbsleber, Hühnerfleisch, Rindfleisch
- Vollkornprodukte – Die motorischen Treibstoffe, die den Körper in Bewegung halten.
- Nüsse (z.B. Erdnüsse, Sonnenblumenkerne, Kürbiskerne, Walnüsse) – Die warmen Zellen, die den Stoffwechsel ankurbeln und uns mit Energie versorgen.
- Pilze – Austernpilze, Pfifferlinge, Champignons
- Hülsenfrüchte (z.B. Linsen, Bohnen) – Die Kraftwerke, die die Energie aus der Nahrung effektiv umsetzen.

Vitamin B5 (Pantothensäure) – Der Schlüssel zur Unendlichkeit

Vitamin B5 ist wie der Schlüssel, der den Körper dazu befähigt, sich endlos zu regenerieren und in einem Zustand ständiger Erneuerung zu bleiben. Es hilft bei der Produktion von Hormonen, die für den Stoffwechsel und die Stressbewältigung notwendig sind. Vitamin B5 wirkt wie der Sonnenstrahl, der den Körper mit lebensspendender Energie versorgt und ihn mit der nötigen Vitalität auflädt.

„Vitamin B5 ist wie der Sanftmacher, der die Energie so verteilt, dass wir den Tag mit neuer Frische und Stärke bewältigen können.“

Lebensmittelquellen:
- Hefe, Kalbsleber, Rinderleber, Schweineleber, Makrele oder Thunfisch (gegart), Eigelb, Erdnüsse, Steinpilze, Morcheln, Champignons
- Eier – Die wunderbare Nährstoffträger, die uns die nötige Energie für den Tag schenken.
- Avocados – Die lebendigen Früchte, die den Körper von innen heraus mit neuer Energie versorgen.
- Hühnchen – Die natürliche Quelle, die den Körper mit allem versorgt, was er braucht.
- Vollkornprodukte – Die stabilen Stützen, die den Körper bei der Erneuerung unterstützen.

Es ist wichtig zu beachten, dass Vitamin B5 hitzeempfindlich ist, daher sollten diese Lebensmittel schonend zubereitet werden, um den Nährstoffgehalt zu erhalten.

Vitamin B6 (Pyridoxin) – Der Stabilisateur der Seele

Vitamin B6 ist der Stabilisator, der dafür sorgt, dass unsere Nerven und Stimmungen im Gleichgewicht bleiben. Es hilft, das Nervensystem zu regulieren und sorgt dafür, dass die Hirnfunktion reibungslos abläuft.

Vitamin B6 ist wie der ruhige Wind, der den Körper in einen Zustand der inneren Ruhe versetzt. Es hilft, die Produktion von Neurotransmittern wie Serotonin und Dopamin zu steigern, die für unsere gute Laune und mentale Klarheit verantwortlich sind.

„Vitamin B6 sorgt dafür, dass wir uns ausgeglichen, ruhig und kreativ fühlen."

Lebensmittelquellen:
- Innereien – Leber
- Fisch – Der ruhige Strom, der uns sowohl mit Energie als auch mit geistiger Klarheit versorgt. Sardinen, Thunfisch, Makrele, Lachs.
- Obst – speziell Bananen – die sanften Quellen, die uns den nötigen seelischen Halt geben. Auch Avocados und Melonen sind hier zu erwähnen.
- Geflügel – Der friedliche Begleiter, der uns innerlich stärkt.
- Pflanzliche Lebensmittel – Die warmen, stabilisierenden Helfer, die uns mit der nötigen Energie versorgen. Weizenkeime, Vollkornprodukte, Hülsenfrüchte, Gemüse (Kartoffeln, Süßkartoffeln, Brokkoli)

Vitamin B7 (Biotin) – Der Regenerator

Vitamin B7, auch bekannt als Biotin, ist wie der Baumeister der Zellen, der dafür sorgt, dass der Körper immer genug neue Zellen bildet und sich erneuert. Biotin hilft dem Körper, Proteine in Energie umzuwandeln und unterstützt die Haut und Haare. Es ist wie der Gärtner, der den Boden der Haut und der Haare pflegt, damit sie stark und gesund wachsen können.

„Vitamin B7 ist der Regenerator, der uns hilft, uns von den Belastungen des Lebens zu erholen. Es sorgt dafür, dass der Körper immer in einem Zustand der Erneuerung bleibt und keine Energie verschwendet."

Lebensmittelquellen:

- Leber – insbesondere Rinderleber und auch Nieren enthalten viel Biotin
- Sojabohnen – herausragend reichhaltig
- Nüsse (z.B. Mandeln, Walnüsse) – Die gesunden Energiespeicher, die uns von innen stärken.
- Eier – Die Nährstoffhelden, die uns die Energie für den Tag schenken und uns stark machen.
- Lachs – Der lebensspendende Fisch, der uns mit Biotin versorgt.
- Avocados – Die sanften Quellen, die unsere Haut und Haare nähren.

Vitamin B9 (Folsäure) – Der Wachstumsschub

Vitamin B9, auch Folsäure, ist wie der Dünger für unsere Zellen. Es hilft dem Körper, seine Zellen schnell zu vermehren und zu regenerieren. Besonders wichtig ist es für die Blutbildung und die gesunde Entwicklung des Nervensystems. Folsäure sorgt dafür, dass der Körper schnell auf Veränderungen reagiert und immer im Wachstumsmodus bleibt. Es ist wie der Wasserstrahl, der den Garten des Lebens mit der nötigen Feuchtigkeit versorgt, damit alles wächst und gedeiht.

„Vitamin B9 unterstützt die zelluläre Teilung und sorgt dafür, dass unser Körper gesund bleibt und sich von innen heraus erneuert.“

Lebensmittelquellen:

- Bierhefe – enthält gigantische Mengen an Folsäure
- Innereien – Kalbsleber, Rinderleber, …
- Grünes Blattgemüse (z.B. Brokkoli, Spinat, Grünkohl) – Die lebendigen Quellen, die uns mit Folsäure versorgen.
- Hülsenfrüchte (z.B. Linsen, Bohnen) – Die Kraftquellen, die uns mit allem versorgen, was wir für das Wachstum brauchen.
- Nüsse und Samen – Erdnüsse, Sonnenblumenkerne, Sesam, …

- Zitrusfrüchte – Die lebendigen Früchte, die unser Wachstum unterstützen.
- Avocados – Die düngerreichen Früchte, die unsere Zellen nähren. Auch Kirschen, Weintrauben und Melonen liefern viel Vitamin B9

Vitamin B12 (Cobalamin) – Der Energiebringer

Vitamin B12 ist wie der Motor des Körpers. Es sorgt dafür, dass die Nerven reibungslos arbeiten und die Blutbildung effizient erfolgt. B12 ist der Lebensstrom, der durch unsere Adern fließt und dafür sorgt, dass alle Systeme kommunizieren und effektiv arbeiten. Es ist wie der Schaltkreis in einer Maschine, der die Energie in Bewegung setzt und sicherstellt, dass der Körper niemals in den Stromausfall gerät.

„Vitamin B12 ist der Schlüssel für die Energieproduktion, die das Nervensystem und die Zellen stark hält. Ohne es würden wir uns müde und kraftlos fühlen.“

Lebensmittelquellen:
- Tierische Produkte (z.B. Fleisch, Fisch, Eier, Milchprodukte) – Die lebensspendenden Quellen, die uns mit B12 versorgen.
- Leber – Der Energieanker, der uns mit allem versorgt, was wir für Vitalität brauchen.
- Fische (z.B. Lachs, Makrele) – Die Meeresfrüchte, die uns auch Energie und Kraft verleihen sind: Austern, Krabben und Miesmuscheln.

Vitamin C – Der Schutzengel der Zellen

Vitamin C ist wie der Schutzengel des Körpers, der dafür sorgt, dass die Zellen vor Schäden durch freie Radikale geschützt werden. Es ist der Antioxidantien-Wächter, der die Zellen des Körpers stärkt und ihre

Widerstandskraft erhöht. Vitamin C ist wie ein unsichtbarer Schild, der uns vor den Angriffen von außen schützt und dafür sorgt, dass unser Immunsystem auf Hochtouren läuft.

„Vitamin C hilft, Wunden zu heilen, Eisen besser aufzunehmen und stärkt den Körper in der kalten Jahreszeit."

Lebensmittelquellen:
* Acerolakirschen, Hagebutten, Sanddorn und Johannisbeeren – zeichnen sich hier besonders aus
* Zitrusfrüchte (z.B. Orangen, Zitronen) – Die Früchte der Sonne, die uns mit Vitamin C versorgen.
* Paprika – Der Feuerfunke, der uns mit Frische und Energie versorgt.
* Brokkoli – Der grüne Wächter, der uns vor Krankheit schützt.
* Ananas und Kiwi – Die kleinen Energiebomben, die uns mit der nötigen Vitaminkraft versorgen.

Vitamin D – Der Sonnenstrahl im Körper

Vitamin D ist wie der Sonnenstrahl, der uns von innen heraus wachsen lässt. Es hilft dem Körper, Kalzium richtig zu verarbeiten und sorgt dafür, dass unsere Knochen und Zähne stark bleiben. Vitamin D ist wie der Lichttrichter, der dafür sorgt, dass das Licht in unserem Körper die richtigen Plätze erreicht und dort die Stärkung der Knochen und Zellen bewirkt.

„Vitamin D ist der Schlüssel, der den Körper vor den Schatten der Krankheit schützt und dafür sorgt, dass wir uns von innen heraus regenerieren können."

Lebensmittelquellen:
* Fettreiche Fische (z.B. Hering, Lachs, Makrele) – Der Segen des Ozeans, der unser Skelett mit Stabilität beglückt.

- Eier – Die goldenen Nährstoffe, die die Kraft des Sonnenlichts in uns hineintragen.
- Pilze (z.B. Champignons, Shiitake) – Die natürlichen Sonnenfänger, die uns mit Vitamin D versorgen.

Die Sonne auf unserer Haut aktiviert unsere körpereigene Vitamin D Produktionsmaschinerie.

Vitamin E – Der Antioxidantien-Schützer

Vitamin E ist wie der Schutzschild, der die Zellen vor oxidativen Schäden schützt. Es ist ein Antioxidantium, das die Zellen vor den schädlichen Auswirkungen von freien Radikalen schützt und für die Hautgesundheit sorgt. Vitamin E wirkt wie der Schutzmantel, der den Körper warm und gesund hält und gleichzeitig vor den Schäden der Umwelt schützt. Es ist der unsichtbare Wächter, der uns vor den Angriffen des Lebens schützt.

„Vitamin E hilft, den Körper zu schützen, die Haut zu bewahren und den Alterungsprozess zu verlangsamen."

Lebensmittelquellen:
- Weizenkeimöl, Sonnenblumenöl – Die flüssige Sonne, die uns mit allem versorgt, was wir für den Zellschutz brauchen.
- Fettreiche Fische – Lachs, Hering, Makrele, Aal, …
- Nüsse (z.B. Erdnüsse, Mandeln, Haselnüsse) – Die ruhigen Hüter, die uns mit Vitamin E versorgen.
- Grünes Blattgemüse (z.B. Spinat, Mangold) – Die lebensspendenden Quellen, die uns mit der nötigen Energie beleben.
- Avocados – Die sanften Lebensspender, die uns mit allem versorgen, das wir benötigen.

Vitamin K – Der Baumeister der Blutgerinnung

Vitamin K ist wie der Baumeister des Körpers, der dafür sorgt, dass Blutgerinnung und Knochenstruktur stabil bleiben. Es hilft, dass die Blutgefäße sich nicht unnötig erweitern, und schützt den Körper vor inneren Blutungen. Vitamin K ist der Bauer, der dafür sorgt, dass die Bausteine der Knochen zusammengehalten werden, sodass wir stark und widerstandsfähig bleiben.

„Vitamin K ist wie der Faden, der die Gesundheit des Körpers zusammenhält und ihn vor Schäden bewahrt."

Lebensmittelquellen:
- Grünes Blattgemüse (z.B. Grünkohl, Spinat, Fenchel) – Die grünen Wächter, die uns mit Vitamin K versorgen und uns fest im Leben halten.
- Brokkoli – Die Kraftquelle, die uns mit dieser wichtigen Substanz stärkt.
- Kohlarten – Die Stabilisatoren, die uns vor den Gefahren der Zeit bewahren.
- Eier – Die stabilen Bausteine, die uns mit allem versorgen, was wir für die Blutgerinnung brauchen.
- Traubenkernöl, Rapsöl, Kürbiskernöl

Vitamine sind die Lichtquellen des Körpers, die uns mit Energie, Gesundheit und Wohlbefinden versorgen, die dafür verantwortlich sind, dass alle Systeme reibungslos funktionieren. Ohne sie würde der Körper wie ein Raum ohne Licht oder eine Pflanze ohne Sonne sein – stumpf und ohne Wachstum. Sie sind wie die unsichtbaren Helfer, die uns mit Energie, Schutz und Regeneration beleben. Ohne sie wäre unser Körper wie ein Haus ohne Fundament – instabil und ohne Struktur.

Mit den richtigen Lebensmitteln können wir diese wichtigen Lichtquellen in unserem Körper aktivieren und ihn zu einem Ort voller Energie, Vitalität und Gesundheit machen.

Indem wir die, für uns besten Lebensmittel in unsere Ernährung integrieren, können wir diese Vitamine in ausreichender Menge aufnehmen und sicherstellen, dass unser Körper in einem Zustand der Harmonie und Gesundheit bleibt.

Anne's Notizen zu den essentiellen Aminosäuren:

Arginin – Der Fluss der Vitalität

Arginin ist wie der lebensspendende Fluss, der den Körper mit Wasser und Lebenskraft versorgt. Diese Aminosäure spielt eine zentrale Rolle bei der Produktion von Stickstoffmonoxid, das die Blutgefäße weitstellt und den Blutdruck reguliert. Arginin sorgt dafür, dass der Körper immer ausreichend Nährstoffe und Sauerstoff bekommt, um vital und energiegeladen zu bleiben. Ohne Arginin würde der Körper wie ein Fluss ohne Wasser austrocknen.

„Arginin ist wichtig für die Wundheilung und Muskelregeneration, indem es den Stoffwechsel der Zellen fördert."

Lebensmittelquellen:
- Kerne – Kürbiskerne, Pinienkerne, …
- Nüsse (z.B. Erdnüsse, Mandeln, Walnüsse) – Die Kraftquellen, die den Körper mit Arginin versorgen.
- Hülsenfrüchte (z.B. Linsen, Erbsen) – Die Energiebrunnen, die den Körper von innen stärken.
- Fische (z.B. Lachs, Makrele) – Die lebensspendenden Quellen, die den Kreislauf unterstützen.
- Geflügel – Die starken Begleiter, die uns regenerieren.

Isoleucin – Der Streiter der Balance

Isoleucin ist wie der Schwung eines Pendels, das den Körper im Gleichgewicht hält. Diese verzweigtkettige Aminosäure unterstützt den Blutglukosespiegel und hilft bei der Reparatur und dem Wachstum der Muskeln. Isoleucin wirkt wie der Balanceakt, der dafür sorgt, dass die Energie im Körper richtig verteilt wird, ohne dass eine Seite kippt. Auch schützt es davor, dass der Körper nach intensiven Aktivitäten nicht in Erschöpfung fällt.

„Isoleucin hilft, die Muskelmasse zu erhalten und weiter aufzubauen.“

Lebensmittelquellen:
* Eier – Die Kraftquellen, die uns mit allem versorgen, was wir für den Muskelaufbau brauchen.
* Vollkornprodukte (z.B. Haferflocken) – Die stabilen Basen, die uns Energie für den Tag liefern.
* Fleisch (z.B. Hähnchen, Rind) – Der muskelstärkende Helfer, der uns mit Isoleucin versorgt.
* Linsen, Kichererbsen – Die grünen Energieträger, die den Körper regenerieren.

Leucin – Der Held der Muskeln

Leucin ist der Held, der die Muskeln stärkt. Es ist die Aminosäure, die den Körper in den Muskelaufbau-Modus versetzt, und hilft dabei, die Muskelproteine zu synthetisieren. Leucin ist wie der Schlüssel, der das Tor öffnet, um Muskelwachstum und Regeneration zu fördern. Es sorgt dafür, dass die Muskeln nach körperlicher Anstrengung schnell wiederhergestellt werden, damit der Körper nicht in einen Zustand der Erschöpfung fällt.

„Leucin hilft, den Körper nach intensiven Trainingseinheiten zu stärken und die Muskelmasse zu erhalten.“

Lebensmittelquellen:
* Parmesan – führt die Liste an.
* Fettreicher Fisch (z.B. Lachs) – Der Strom der Energie, der den Muskelaufbau unterstützt.
* Eier – Die Kraftanker, die unsere Muskeln mit der nötigen Energie versorgen.
* Nüsse – Erdnüsse, Walnüsse, Haselnüsse, …
* Sojabohnen, Tofu – Die pflanzlichen Powerquellen, die uns ebenfalls mit Leucin stärken.
* Junghühner – Als Muskelquelle, die uns mit Leucin versorgt.
* Leber – von vielerlei Getier, ebenfalls reich an Leucin

Valin – Der Ausgleichende

Valin ist wie der Ausgleich zwischen Leucin und Isoleucin, der dafür sorgt, dass der Körper in Balance bleibt. Diese Aminosäure hilft dabei, die Muskelproteinsynthese zu fördern und die Energie während des Trainings aufrechtzuerhalten. Valin wirkt wie der sanfte Dirigent, der die Energieverteilung im Körper koordiniert, damit keine Ressourcen vergeudet werden.

„Valin ist wichtig für die Muskelregeneration und Ausdauer."

Lebensmittelquellen:
* Parmesan – führt auch hier die Liste an, gefolgt von weiteren Käsesorten wie z.B. Edamer und Gouda
* Bohnen und Linsen – Die ruhigen Stützen, die dem Körper die nötige Balance verleihen. (Sojabohnen, Limabohnen, Linsen, …)
* Eier – Die Schlüssel, die alle Aminosäuren miteinander verbinden und den Körper stärken.
* Vollkornprodukte – Die energieträchtigen Helfer, die für die nötige Balance sorgen.

- Fische – Die lebensspendenden Quellen, die den Körper mit allem versorgt, das er für die Regeneration braucht. (Thunfisch, Lachs, Makrele, Rotbarsch, …)

Lysin – Der Stabilisator der Struktur

Lysin ist der Baustein, der dafür sorgt, dass der Körper stark und stabil bleibt. Es hilft bei der Kollagenbildung und sorgt dafür, dass unsere Haut und Bindegewebe gesund bleiben. Lysin ist wie der Zement, der das Gebäude des Körpers zusammenhält und dafür sorgt, dass es nicht einstürzt. Es sorgt für die Stabilität der Zellen und hilft bei der Wundheilung.

„Lysin ist zentral wichtig für die Knochengesundheit.“

Lebensmittelquellen:
- Fleisch (z.B. Hähnchen, Rind) – Der Kern der Stärke, der den Körper mit Lysin versorgt.
- Fische – Die lebensspendenden Quellen, die uns mit der nötigen Stabilität versorgen.
- Hülsenfrüchte (z.B. Linsen, Bohnen) – Die pflanzliche Stabilität, die uns mit allem versorgt, was wir für die Regeneration brauchen.
- Eier – Die gesunden Bausteine, die den Körper stärken und stabilisieren.
- Käse – Gouda, Appenzeller, Brie, …

Methionin – Der Entgifter

Methionin ist wie der Entgifter, der hilft, den Körper von Toxinen zu befreien. Diese Aminosäure hat die Fähigkeit, die Zellen vor oxidativem Stress zu schützen und die Leberfunktion zu unterstützen. Methionin ist wie der Reinigungsstrom, der dafür sorgt, dass der Körper von innen heraus gesäubert wird. Ohne Methionin würde der Körper wie ein Abwasserkanal überfluten und ungesund werden.

*„Methionin hilft, den Körper vor schädlichen Stoffwechsel-
abfällen zu schützen."*

Lebensmittelquellen:
- Eier – Die Entgiftungsquellen, die uns alles liefern, was wir für die Regeneration benötigen.
- Tierische Produkte – Die Reinigungsmeister, die uns mit Methionin versorgen, vor allem Fleisch (insbesondere Rindfleisch), Fisch, Eier und Milchprodukte.
- Nüsse und Samen – Die natürlichen Helfer, die uns von innen reinigen. (Paranüsse, Cashewkerne, Mandeln)
- Getreide – Hirse, Haferflocken, Dinkelmehl, …

Phenylalanin – Der Schöpfer der Klarheit

Phenylalanin ist der Schöpfer der geistigen Klarheit. Es hilft bei der Produktion von Neurotransmittern wie Dopamin und Noradrenalin, die für eine gute Konzentration und positives Denken verantwortlich sind. Phenylalanin ist wie der Anführer der Gedanken, der dafür sorgt, dass der Geist klar und scharf bleibt. Es hilft, die Stimmung zu stabilisieren und sorgt dafür, dass wir uns konzentrieren können.

*„Phenylalanin ist der Geistführer, der uns hilft, fokussiert
und motiviert zu bleiben."*

Lebensmittelquellen:
- Hülsenfrüchte – getrocknete Sojabohnen führen die Liste an, gefolgt von Linsen.
- Samen und Nüsse – Die energiegeladenen Begleiter, die uns mit Phenylalanin versorgen, insbesondere Kürbiskerne und Walnüsse.
- Eier – Die Denker, die uns mit der nötigen Energie für die geistige Klarheit versorgen.
- Fettreicher Fisch (z.B. Lachs) – Der mentale Aufstieg, der uns hilft, die Konzentration zu steigern.

Threonin – Der Wächter der Haut

Threonin ist wie der Wächter der Haut und der Nerven. Diese Aminosäure hilft, Kollagen zu produzieren, das für gesunde Haut und Bindegewebe unerlässlich ist. Threonin sorgt dafür, dass der Körper sich regenerieren kann und die Hautbarrieren nicht durch schädliche Einflüsse von außen zerstört werden. Es ist der Schutzschild, der dafür sorgt, dass der Körper stark bleibt.

„Threonin sorgt für die Hautgesundheit und stärkt das Immunsystem."

Lebensmittelquellen:
- Eier – Die Bausteine der Haut, die uns helfen, gesund zu bleiben.
- Junghühner – Die Hautschutz-Versorger, die uns die nötige Energie geben.
- Vollkornprodukte – Die schützenden Begleiter, die den Körper stabilisieren.

Tryptophan – Der Ruhepol

Tryptophan ist der Ruhepol, der den Körper in einen Zustand der Entspannung versetzt. Es wird in Serotonin umgewandelt, ein Glückshormon, das für unsere gute Stimmung und Schlafqualität wichtig ist. Tryptophan ist wie der sanfte Fluss, der den Körper beruhigt und dafür sorgt, dass wir uns entspannt und zufrieden fühlen.

„Tryptophan hilft, den Schlaf zu regulieren und sorgt für innere Ruhe."

Lebensmittelquellen:
- Hülsenfrüchte – Sojabohnen, Limabohnen, Linsen, Kichererbsen … sind besonders reich an Tryptophan.

- Nüsse und Samen – Die friedlichen Quellen, die den Körper mit Tryptophan versorgen sind: Cashewkerne, Erdnüsse, Sonnenblumenkerne, Haselnüsse, Walnüsse, Mandeln.
- Weizenkleie, Haferflocken – Die sanften Helfer, die den Körper in einen Zustand der Ruhe bringen.

Histidin – Der Heiler der Entzündungen

Histidin ist wie der Heiler, der den Körper bei der Bekämpfung von Entzündungen unterstützt. Diese Aminosäure hilft dabei, den Körper zu beruhigen und die Heilung zu fördern. Histidin wirkt wie der „Sanftmacher", der den Körper vor inneren Entzündungen schützt und den Heilungsprozess beschleunigt.

„Histidin sorgt für schnelle Wundheilung und schützt den Körper vor schädlichen Reaktionen."

Lebensmittelquellen:
- Fleisch (insbesondere Rind und Lamm) – Die Kraftquelle, die uns bei der Heilung unterstützt.
- Geflügel – Die beflügelnden Heiler, die den Körper von innen stärken.
- Pflanzliche Quellen – Die heilenden Hülsenfrüchte und ihre Produkte, die den Körper versorgen sind: Bohnen, Linsen, Tofu, Tempeh, …

Anne's Notizen über die Fettsäuren:

Fettsäuren – Die Baumeister der Energie

Fettsäuren sind wie Baumeister, die dafür sorgen, dass der Körper mit genügend Energie versorgt wird und dass alle Systeme reibungslos zusammenarbeiten. Sie sind die Kraftquelle, die es den Zellen ermöglicht, ihre

Aufgaben effizient zu erfüllen. Ohne Fettsäuren würde unser Körper wie eine Maschine ohne Öl funktionieren – er würde überhitzen, ins Stocken geraten und nicht richtig arbeiten. Essentielle Fettsäuren sind wie der Schmierstoff, der den Motor des Lebens am Laufen hält.

Es gibt zwei Hauptarten von Fettsäuren, die unser Körper dringend benötigt: Omega-3 und Omega-6. Diese Fettsäuren sind lebensnotwendig, weil der Körper sie nicht selbst herstellen kann und sie daher über die Nahrung aufnehmen muss. Sie sind die wahren Helden, die uns mit der nötigen Energie und Vitalität versorgen.

Omega-3-Fettsäuren – Die Schutzschilder des Körpers

Omega-3-Fettsäuren sind wie der Schutzschild für den Körper. Sie haben die Fähigkeit, Entzündungen zu reduzieren und das Herz zu schützen. Es scheint, als ob Omega-3 der Polster ist, der den Körper vor den täglichen Angriffen von äußeren und inneren Belastungen bewahrt. Diese Fettsäuren helfen, den Blutdruck zu regulieren, den Cholesterinspiegel zu senken und das Herz-Kreislaufsystem stark zu halten. Omega-3 wirkt wie der Besen, der den Körper von innen reinigt und dafür sorgt, dass der Blutfluss reibungslos funktioniert.

„Omega 3 Fettsäuren sind die lebensspendende Quelle, die das Immunsystem stärken und den Körper vor oxidativem Stress schützen. Wenn der Körper überlastet ist, kommen die Omega-3-Fettsäuren zu Hilfe und sorgen dafür, dass die Energie nicht verbraucht, sondern effizient gespeichert wird.“

Lebensmittelquellen:
- Fettreiche Fische (z.B. Lachs, Makrele, Sardinen) – Die lebendigen Ströme, die den Körper mit der nötigen Energie und Gesundheit versorgen.
- Krill – Diese winzigen Krebstierchen aus kalten Gewässern sind eine exzellente Quelle.

- Leinsamen – Die Kraftquelle, die den Körper mit Omega-3 versorgt und für Entspannung sorgt.
- Chiasamen – Die kleinen Krieger, die den Körper mit Entzündungshemmern stärken.
- Walnüsse – Die lebensspendenden Nüsse, die unser Herz und unsere Zellen schützen.
- Mikroalgen – Bestimmte Mikroalgen wie Spirulina-, Chlorella- oder Schizochytrium-Algen sind reich an EPA und DHA5. Diese werden oft zur Herstellung von Nahrungsergänzungsmitteln verwendet und können auch direkt konsumiert werden.

Omega-6-Fettsäuren – Die Motoren der Zellregeneration

Omega-6-Fettsäuren sind wie ein Motor, der die Zellen mit der nötigen Energie für Wachstum und Regeneration versorgt. Sie fördern die Zellmembranfunktion und helfen, die Hautgesundheit zu erhalten. Während Omega-3-Fettsäuren entzündungshemmend wirken, fördern Omega-6-Fettsäuren die Verletzungsheilung und Zellreparatur. Sie sind wie der Kraftstoff, der den Motor des Körpers am Laufen hält und die Zellen kontinuierlich erneuert.

„Omega-6 sorgt dafür, dass der Körper die notwendige Energie hat, um neue Zellen zu bilden und zu regenerieren, insbesondere bei der Heilung von Verletzungen oder Entzündungen.“

Lebensmittelquellen:
- Pflanzenöle (z.B. Sonnenblumen-, Distel-, Maiskeimöl) – Die warmen Quellen, die den Körper mit Energie versorgen.
- Nüsse (z.B. Mandeln, Cashews) – Die kraftvollen Begleiter, die für Vitalität und Regeneration sorgen.
- Sojaöl – Der schützende Mantel, der den Körper mit der nötigen Regenerationskraft stärkt.
- Sesam – Die lebensspendende Pflanze, die den Körper mit Omega-6-Fettsäuren nährt.

Um wirklich gesunde Pflanzenöle zu verwenden, sollten wir auf kaltgepresste, biologisch erzeugte Produkte setzen. Diese behalten mehr wertvolle Inhaltsstoffe, sind umweltfreundlicher in der Herstellung und sie werden nicht durch chemisch-mechanische Verfahren verfälscht. Die richtige Lagerung und rasche Verwendung nach dem Öffnen sind ebenfalls wichtig, um die Qualität der Öle zu erhalten.

Transfettsäuren – Die Fallen der Energie

Transfettsäuren sind die hinterlistigen Feinde des Körpers. Sie wirken wie die schwermetallbeschichteten Ketten, die die Zellen in ihrer natürlichen Beweglichkeit und Funktion blockieren. Diese Fettsäuren entstehen vor allem in verarbeiteten Lebensmitteln und können den Körper schädigen, wenn sie in zu großen Mengen konsumiert werden. Sie stören die normale Fettverwertung, erhöhen den Cholesterinspiegel und begünstigen Entzündungen.

„Transfettsäuren behindern den natürlichen Fluss in unserem Körper und blockieren die gesunde Zirkulation. Bildlich gesprochen: sie verstopfen unsere Rohre"

Lebensmittelquellen, die Transfette enthalten (die wir meiden sollten):
* Fast Food – Der faule Strom, der den Körper in seiner Funktion blockiert.
* Industriebackwaren (z.B. Fertigkuchen, Kekse) – Die giftigen Verbindungen, die die Zellen schädigen.
* Frittierte Lebensmittel – Die unsichtbaren Ketten, die den Körper fesseln.

Gesunde Fettsäuren für das Gehirn sind Nahrungsmittel der Klarheit. Sie liefern die notwendige Energie, um kognitive Funktionen wie Gedächtnis, Konzentration und Stimmung zu fördern. Omega-3-Fettsäuren sind die Bausteine für die Hirnstrukturen, die das Gedächtnis und die geistige Klarheit aufrechterhalten. Sie wirken wie der Mörtel, der die Bausteine im

Gehirn zusammenhält, während sie dort gleichzeitig Entzündungen verringern.

Ohne diese gesunden Fettsäuren würde das Gehirn wie ein verblasstes Bild erscheinen, das nicht mehr die Klarheit und den Schwung des Lebens widerspiegeln kann.

Die Balance der Fettsäuren – Das Geheimnis der Gesundheit

Die Balance zwischen Omega-3- und Omega-6-Fettsäuren ist entscheidend, um den Körper in Harmonie zu halten. Wenn diese Fettsäuren im richtigen Verhältnis zueinander stehen, arbeiten sie zusammen wie ein präzise abgestimmtes Orchester, das alle Lebensprozesse im Körper unterstützt. Ein Übermaß an Omega-6 und zu wenig Omega-3 kann den Körper in einen Zustand der chronischen Entzündung versetzen und die Gesundheit gefährden. Daher ist es wichtig, die richtigen Quellen in unsere Ernährung zu integrieren.

Die richtige Balance der Fettsäuren fördert die Gesundheit des Herzens, den Gehirnfluss, den Stoffwechsel und die allgemeine Lebensqualität.

Schlussgedanken zu den Fettsäuren

Essentielle Fettsäuren sind wie die unsichtbaren Helfer, die den Körper stabilisieren, die Zellen mit Energie versorgen und die körperliche Funktion aufrechterhalten. Sie sind die Schmierstoffe für den Körper, die den Fluss der Lebensenergie ermöglichen und dafür sorgen, dass der Körper reibungslos funktioniert. Ohne sie wäre unser Körper wie ein Motor, der ohne Öl nicht richtig läuft.

Indem wir den Körper mit den richtigen Fettsäuren versorgen – vor allem mit Omega-3 und Omega-6 – stellen wir sicher, dass wir nicht nur den körperlichen und geistigen Fluss aufrechterhalten, sondern auch unsere Lebensqualität verbessern. Gesunde Fettsäuren sind die Bausteine des Lebens, die uns sowohl im Inneren als auch nach außen hin stark und gesund machen.

Anne's Notizen zu den Mineralien und Spurenelementen:

Chlorid – Der Wächter des Gleichgewichts

Chlorid ist wie der Hüter des Wassers, der dafür sorgt, dass unser Flüssigkeitshaushalt in Balance bleibt. Es hilft dabei, die richtige Konzentration von Natrium im Körper aufrechtzuerhalten und sorgt dafür, dass Wasser in den Zellen und Geweben richtig verteilt wird. Chlorid ist das Gleichgewicht zwischen den verschiedenen Elementen und sorgt dafür, dass der Körper einerseits nicht austrocknet und andererseits nicht im Übermaß mit Flüssigkeit belastet wird.

„Chlorid ist wie der Kapitän eines Schiffes, der den Kurs durch die Ozeane des Lebens steuert, um das Schiff in sicheren Gewässern zu halten."

Lebensmittelquellen:
* Salz (besonders in Form von Kochsalz oder Meersalz) – Der Schlüssel des Lebens, der das Flüssigkeitsgleichgewicht schützt.
* Sellerie – Die Welle des Lebens," die uns mit Chlorid versorgt.
* Tomaten – Die frischen Quellen, die den Körper mit der nötigen Hydration versorgen.

Chrom – Der Funke der Metabolismus-Kontrolle

Chrom ist wie der Schlüssel zu einem perfekten Gleichgewicht im Stoffwechsel. Es hilft dem Körper, Zucker (Glukose) richtig zu verarbeiten und steigert die Insulinempfindlichkeit. Chrom ist der Funke, der sicherstellt, dass der Energiefluss im Körper nicht aus dem Gleichgewicht gerät. Es sorgt dafür, dass der Körper effizient mit den aufgenommenen Zuckern umgeht und so die Energie beständig fließt.

„Chrom ist der Schlüssel, der die Pforten zu einer gesunden Blutzuckerregulation öffnet und uns mit dem nötigen Antrieb für den Tag versorgt."

Lebensmittelquellen:
- Miesmuscheln und Bierhefe – führen die Liste der reichhaltigsten Chromquellen an.
- Nüsse und Samen – Die kleinen Funken, die unseren Stoffwechsel anregen, insbesondere die Paranüsse.
- Linsen – ebenfalls wertvolle Quellen
- Vollkornprodukte (z.B. Haferflocken, Gerste) – Die ruhigen Flüsse, die uns mit der nötigen Energie versorgen.

Eisen – Der Lebensstrom

Eisen ist wie der lebensspendende Fluss, der das Blut mit Sauerstoff versorgt. Es ist der Motor, der dafür sorgt, dass der Körper in Bewegung bleibt und immer die nötige Energie hat, um zu funktionieren. Eisen hilft, den Blutkreislauf effizient zu gestalten und Sauerstoff zu den Zellen zu transportieren. Es sorgt dafür, dass der Körper nicht müde und erschöpft wird, sondern immer in Bewegung bleibt.

„Eisen ist wie der Sauerstoff für den Körper, der uns lebendig und energisch hält."

Lebensmittelquellen:
- Rotes Fleisch (z.B. Rindfleisch, Lamm) – Die lebendige Quelle, die uns mit der nötigen Vitalität stärkt.
- Hülsenfrüchte (z.B. Linsen, Bohnen) – Die Kraftwerke, die unser Blut mit Energie versorgen.
- Grünes Blattgemüse (z.B. Spinat, Mangold) – Die grüne Quelle, die uns mit allem versorgt, um den Körper zu stärken.

Es ist wichtig zu beachten, dass die Bioverfügbarkeit von Eisen aus pflanzlichen Quellen (Nicht-Häm-Eisen) geringer ist als die aus tierischen Quellen (Häm-Eisen). Die Aufnahme von pflanzlichem Eisen kann durch den gleichzeitigen Verzehr von Vitamin C verbessert werden.

Fluorid – Der Wächter der Zähne

Fluorid ist wie der Wächter, der unsere Zähne vor den Zerstörungen durch Bakterien schützt. Es stärkt den Zahnschmelz und hilft, Karies und andere Zahnprobleme zu verhindern. Fluorid ist der Schutzschild, der dafür sorgt, dass unsere Zähne gesund und widerstandsfähig bleiben, wie der Schutzwall einer Burg, der den Körper vor den Angriffen von außen bewahrt.

„Fluorid ist wie der Schutzmantel, der den Körper vor äußeren schädlichen Einflüssen bewahrt und uns hilft, unsere Stärke zu bewahren."

Lebensmittelquellen:
*   Wasser (insbesondere fluoridiertes Wasser) – Die ruhige Quelle, die den Körper stärkt.
*   Tee (grüner oder schwarzer Tee) – Die sanften Hüter, die uns mit Fluorid versorgen.
*   Fische (insbesondere Fische mit Gräten wie Sardinen oder Lachs und auch Miesmuscheln) – Die natürlichen Beschützer, die unsere gesunden Zähne schützen.
*   Walnüsse – wer hätte das gedacht.

Jod – Der Hüter des Stoffwechsels

Jod ist der Hüter der Schilddrüse und sorgt dafür, dass alle Stoffwechselprozesse im Körper reibungslos ablaufen. Es ist wie der Leuchtturm, der den Körper sicher durch den Ozean des Lebens führt. Indem es die Schilddrüse dazu bringt, Hormone zu produzieren, die den Stoffwechsel und die

Energieproduktion regulieren. Jod hilft uns, voller Energie und lebenskräftig zu bleiben, und es sorgt dafür, dass die Zellen stets mit dem richtigen Maß an Stoffwechselhormonen versorgt werden.

„Jod ist der Lichthalter, der uns durch das Dunkel des Lebens leitet."

Lebensmittelquellen:
- Meeresfrüchte (z.B. Algen, Fisch) – Die Verbindung zum Meer, die uns mit der nötigen Energie und Kraft versorgt.
- Jodsalz – Der Wächter, der dafür sorgt, dass der Körper richtig funktioniert.
- Eier – Die essentiellen Lebensfunken, die uns mit allem versorgen, das wir im täglichen Leben brauchen.
- Milchprodukte – insbesondere Hartkäse und Mozzarella

Kalium – Der Hüter des Herzens

Kalium ist wie der Taktgeber, der den Herzrhythmus aufrechterhält und dafür sorgt, dass der Blutdruck in einem gesunden Bereich bleibt. Kalium hilft dabei, dass das Herz ruhig und stabil schlägt, wie ein Präzisionsinstrument, das niemals aus dem Takt gerät. Kalium hilft den Zellen, den Wasserhaushalt zu regulieren und sorgt dafür, dass der Körper nicht überhitzt oder unterversorgt wird.

„Kalium ist wie der Lebensstrom, der dafür sorgt, dass das Herz im Einklang mit dem Körper schlägt und alle Systeme reibungslos zusammenarbeiten."

Lebensmittelquellen:
- Kakaopulver – führt die Liste an.
- Bohnen – Sojabohnen, Limabohnen, …
- Pistazien –willkommener Knabberspaß.

- Avocados – Die ruhigen Quellen, die uns dabei helfen, ein ausgeglichenes Leben zu führen.
- Bananen – Die sanften Hüter, die uns mit der nötigen Ruhe und Energie versorgen.
- Kartoffeln – Die Knollen der Energie, die uns mit allem versorgen, was wir für unsere körperliche Stabilität brauchen.

Kalzium – Der Baumeister der Stärke

Kalzium ist wie der Bauingenieur, der dafür sorgt, dass der Körper stabil bleibt. Es sorgt dafür, dass die Knochen und Zähne fest sind und dass der Körper die richtige Festigkeit behält. Kalzium ist der Baustein, der sicherstellt, dass wir die Kraft und Struktur haben, die wir für ein gesundes Leben benötigen. Es hilft den Muskeln, sich zusammenzuziehen und zu entspannen, sodass wir immer die nötige Flexibilität haben.

> *„Kalzium ist wie das Fundament, auf dem der Körper gebaut ist.“*

Lebensmittelquellen:
- Milchprodukte (z.B. Milch, Käse, Joghurt) – Die Stütze des Lebens, die uns mit allem versorgt, was wir brauchen.
- Grünes Blattgemüse (z.B. Grünkohl, Spinat) – Die ruhige Quelle, die uns die nötige Energie und Stabilität gibt.
- Fische (mit Gräten) – sind Verbündete, die uns mit der nötigen Stärke versorgen, um unser Leben zu meistern.

Kobalt – Der Kern des Lebens

Kobalt ist wie der Herzschlag eines jeden Energieprozesses im Körper. Es ist ein Schlüssel zur Produktion von Vitamin B12, einem wichtigen Vitamin, das für die Blutbildung und die Funktion des Nervensystems verantwortlich ist. Ohne Kobalt könnte der Körper nicht genügend rote Blutkörperchen produzieren, und die Energie würde nicht richtig fließen.

Kobalt ist wie der Zünder, der die Lebenskraft aktiviert und dafür sorgt, dass der Kreislauf der Energie im Körper funktioniert.

„Kobalt hilft uns, uns lebendig zu fühlen, indem es den Fluss von Sauerstoff und Nährstoffen durch das Blut unterstützt und so den Körper mit Frische und Kraft versorgt.“

Lebensmittelquellen:
- Leber – Die lebensspendende Quelle, die uns mit allem versorgt, was wir brauchen (insbesondere Rinder- und Kalbsleber).
- Meeresfrüchte (z.B. Muscheln, Austern) – Die Schätze des Meeres, die uns mit Kobalt und Lebensenergie versorgen.
- Kaviar – Das Kraftpaket, das uns geballte Energie schenkt.

Kupfer – Der Energieträger

Kupfer ist wie der Katalysator, der die Energie im Körper verteilt. Es hilft, Eisen aus der Nahrung zu nutzen und sorgt dafür, dass es in den Zellen richtig funktioniert. Kupfer unterstützt das Immunsystem und fördert die Bildung von Kollagen, einem wichtigen Strukturprotein, das für die Haut, das Bindegewebe und die Gelenke erforderlich ist. Kupfer ist wie der Verteiler der Energie, der dafür sorgt, dass alles im Körper effizient läuft und miteinander verbunden ist.

„Kupfer ist der Verbinder, der den Körper mit allem versorgt, was er braucht, um stark und gesund zu bleiben.“

Lebensmittelquellen:
- Meeresfrüchte – Der stromführende Fluss, der uns mit Kupfer versorgt, insbesondere Austern.
- Kakaopulver – wer hätte das gedacht?

- Nüsse und Samen – Die Energiequellen, die uns von innen heraus stärken, insbesondere Cashewkerne und Paranüsse.
- Hülsenfrüchte – Die Verstärker der Energie, die den Körper stärken und vitalisieren.

Lithium – Der Ruhepol

Lithium ist wie der Beruhiger des Körpers. Es sorgt dafür, dass das Gehirn mit Ruhe und Stabilität funktioniert und hilft, die Stimmung zu regulieren. Lithium unterstützt die neurochemische Balance im Gehirn, indem es die Übertragung von Signalen zwischen den Nerven fördert. Es ist wie der gelenkte Strom, der die Emotionen im Körper in den richtigen Fluss bringt, damit wir innerlich ruhig bleiben.

> ***„Lithium hilft, den Körper, sich vor den Stürmen des Lebens zu schützen und sorgt dafür, dass wir die Balance behalten.“***

Lebensmittelquellen:
- Eier – sind essentielle Grundlagen des Lebens.
- Fische (insbesondere Kabeljau, Schellfisch, Sardinen und Lachs) – Die beruhigenden Wellen, die den Geist und Körper entspannen.
- Vollwertgetreide – Die sanften Stützen, die uns mit der nötigen Ruhe und Gelassenheit versorgen.
- Kartoffeln – erden den Körper.

Magnesium – Der Friedensbringer

Magnesium ist wie der ruhige Fluss, der durch den Körper zieht und alle Zellen mit Energie versorgt. Es sorgt dafür, dass unsere Muskeln und Nerven entspannen, was zu einer gesunden Muskulatur und einem ausgeglichenen Nervensystem führt. Magnesium spielt auch eine wichtige Rolle bei der Produktion von Energie in den Zellen und sorgt dafür, dass die Energieproduktion effizient abläuft. Es ist wie der Sanftmacher, der den Körper in einen Zustand der inneren Ruhe und Ausgeglichenheit versetzt.

„Magnesium sorgt dafür, dass wir uns nach Stress oder körperlicher Anstrengung schnell erholen und den Tag voller Kraft und Vitalität genießen können. Es ist an über 300 biochemischen Reaktionen beteiligt und spielt eine entscheidende Rolle für die Gesundheit von Muskeln, Nerven, Knochen und dem Herz-Kreislauf-System."

Lebensmittelquellen:
- Grünes Blattgemüse (z.B. Spinat, Mangold) – Die ruhige Quelle, die uns von innen heraus entspannt.
- Nüsse und Samen – Die Friedensbringer, die unser Nervensystem beruhigen.
- Avocados – Die sanften Hüter, die uns in einen Zustand der Gelassenheit führen.

Mangan – Der Regisseur der Energie

Mangan ist wie der Dirigent eines Orchesters, der dafür sorgt, dass alle Instrumente im Körper harmonisch zusammenspielen. Es spielt eine zentrale Rolle bei der Produktion von Energie und hilft, Zellen zu reparieren und zu regenerieren. Mangan ist auch wichtig für die Kollagenbildung und die Gesundheit der Knochen. Es sorgt dafür, dass der Körper in Balance bleibt, indem es die Produktion von Antioxidantien unterstützt, die den Körper vor Schäden schützen.

„Mangan ist wie der Leitfaden, der sicherstellt, dass der Körper immer in der richtigen Harmonie funktioniert."

Lebensmittelquellen:
- Vollkornprodukte – Die Bodenquellen, die uns mit allem versorgen, was wir brauchen.

- Nüsse und Samen – Die harmonischen Töne, die das Leben in Balance halten.
- Grünes Blattgemüse – Die ruhigen Symphonien, die die Zellen mit neuer Energie versorgen.

Molybdän – Der Wandler der Energie

Molybdän ist wie der Wandler, der den Körper dabei unterstützt, toxische Stoffe zu verarbeiten und die Energie aus den Nahrungsmitteln richtig zu nutzen. Es hilft bei der Entgiftung des Körpers und sorgt dafür, dass Abfallprodukte richtig ausgeschieden werden. Molybdän ist die Sanftmut, die uns von innen reinigt und die Energieprozesse im Körper aufrechterhält. Es ist wie der Putzmeister, der dafür sorgt, dass der Körper immer in einem Zustand der Reinigung bleibt.

„Molybdän sorgt dafür, dass unser Körper die nötige Energie freisetzt, um den Tag in vollem Umfang zu erleben."

Lebensmittelquellen:
- Vollkornprodukte – Die natürlichen Reiniger, die uns mit allem versorgen was wir brauchen – insbesondere Buchweizen.
- Hülsenfrüchte (z.B. Linsen, Bohnen, Erbsen) – Die Reinigungskräfte, die uns von innen heraus stärken.
- Nüsse – Die wahren Helden, die uns bei der Entgiftung unterstützen.

Natrium – Der Dirigent der Balance

Natrium ist wie der Choreograph eines Wasserballets, der dafür sorgt, dass die Flüssigkeit im Körper im richtigen Gleichgewicht bleibt. Es hilft dabei, den Blutdruck zu regulieren und sorgt dafür, dass die Zellen mit ausreichend Flüssigkeit versorgt werden. Natrium spielt eine wichtige Rolle bei der Wasseraufnahme in den Zellen und stellt sicher, dass wir immer die richtige Hydration haben, ohne dabei zu viel oder zu wenig Flüssigkeit zu verlieren.

„Natrium sorgt dafür, dass der Körper in einem Zustand der Balance bleibt und die Elektrolyte in den Zellen ausbalanciert sind. Hier gilt es eher potenzielle Gesundheitsrisiken durch übermäßigen Natriumkonsum zu vermeiden."

Lebensmittelquellen:
- Salz – Die Balancequelle, die dafür sorgt, dass der Körper im Gleichgewicht bleibt.
- Sellerie – Die Frische der Erde, die uns mit Natrium versorgt.
- Tomaten – Die lebensspendenden Früchte, die die Hydration im Körper aufrechterhalten.

Nickel – Der Stabilisator der Zellen

Nickel ist wie der Ingenieur im Körper, der dafür sorgt, dass die Zellen ihre Struktur und Stabilität behalten. Es stellt sicher, dass Enzyme richtig arbeiten und Stoffwechselprozesse effizient ablaufen. Nickel unterstützt die Absorption von Eisen und sorgt dafür, dass der Körper immer genügend Sauerstoff zu den Zellen bringt. Es wirkt wie der ruhige Architekt, der dafür sorgt, dass das Zellgerüst stark und funktionstüchtig bleibt.

„Nickel hilft, den Körper zu stabilisieren und zu stärken, damit alle Systeme im Einklang zusammenarbeiten."

Lebensmittelquellen:
- Nüsse und Samen – Die soliden Fundamente, die den Körper mit Stabilität versorgen.
- Vollkornprodukte (z.B. Haferflocken) – Die Kraftquellen, die uns den nötigen Nährstoff liefern.
- Hülsenfrüchte (z.B. Linsen) – Die Baustoffe, die den Körper von innen heraus stärken.
- Kakaopulver – nicht zu verwechseln mit Fertigmischungen aus dem Supermarkt. Lieber Rohkakao vom Fachhändler.

Phosphor – Der Energiespeicher

Phosphor ist wie der Speicher des Lebens, der dafür sorgt, dass der Körper die notwendige Energie für Wachstum, Reparatur und Stoffwechselprozesse hat. Es ist der Kraftgeber, der die Zellen in ihrer Funktion unterstützt und die Knochen stark hält. Phosphor ist wie der Brennstoff, der das Feuer der Zellfunktionen am Leben erhält. Ohne Phosphor würde der Körper wie ein Motor ohne Treibstoff nicht richtig laufen.

„Phosphor hilft, den Körper mit der notwendigen Energie zu versorgen und sorgt dafür, dass der Stoffwechsel auf Hochtouren läuft.“

Lebensmittelquellen:
- Milchprodukte (z.B. Käse, Joghurt) – Die Kraftquellen, die uns die nötige Energie für den Körper liefern.
- Fische (z.B. Lachs, Sardine, Forelle, Makrele) – Die lebensspendenden Wellen, die uns mit Phosphor versorgen.
- Hülsenfrüchte – Sojabohnen, weiße Bohnen, Linsen, Kichererbsen, …
- Vollkornprodukte – Die Energiequellen, die den Körper mit allen notwendigen Mineralien unterstützen (insbesondere Weizenkleie).

Rubidium – Der Harmonisierer

Rubidium ist wie der Harmonisierer, der dafür sorgt, dass die Zellen optimal arbeiten. Es fördert die Regulation des Zellstroms und hilft dabei, den Blutdruck zu regulieren, ohne das Gleichgewicht zu stören. Rubidium wirkt zusammen mit anderen Mineralien, um die Zellen in Einklang zu bringen. Es ist der sanfte Dirigent, der dafür sorgt, dass alle Körperfunktionen im richtigen Rhythmus bleiben.

„Rubidium unterstützt den Körper dabei, in einem Zustand der Balance zu bleiben, und sorgt dafür, dass der Stoffwechsel reibungslos funktioniert.“

Lebensmittelquellen:

- Kaffee, Tee – Kaffee und Tee können bis zu 40% des täglichen Rubidium Bedarfs eines Erwachsenen decken.
- Fisch, Geflügel – bitte nicht aus kommerzieller Haltung.
- Kartoffeln – Die Kraftquellen, die uns die nötige Balance und Energie bieten.
- Bananen – Die sanften Töne, die uns mit der notwendigen Energie versorgen.
- Nüsse – Die ruhigen Quellen, die unseren Körper mit der nötigen Vitalität versorgen.

Pflanzliche Nahrungsmittel enthalten in der Regel mehr Rubidium als tierische Lebensmittel.

Schwefel – Der Reinigungsmeister

Schwefel ist wie der Befreier, der dafür sorgt, dass unser Körper von Toxinen gereinigt wird. Es ist der „Entgifter", der hilft, den Körper von schädlichen Abfallstoffen zu befreien und die Haut und das Bindegewebe gesund zu erhalten. Schwefel sorgt dafür, dass der Körper richtig entgiftet, während es gleichzeitig die Zellen regeneriert. Es ist der Feuerlöscher, der dafür sorgt, dass nichts das natürliche Gleichgewicht des Körpers stört.

„Schwefel hilft bei der Wundheilung und sorgt dafür, dass der Körper von innen heraus gesund bleibt."

Lebensmittelquellen:

- Sojabohnen – führen die Liste an.
- Erdnüsse – sind auch reich an weiteren Mineralstoffen.
- Wassertiere – Garnelen, Krabben, Jakobsmuscheln, Kaviar, Rotbarsch, Seelachs, Kabeljau.
- Geflügel – insbesondere Gänsefleisch.
- Knoblauch – Der Heilmeister, der den Körper vor schädlichen Stoffen schützt.

- Zwiebeln – Die Reinigungsquellen, die den Körper entgiften und regenerieren.
- Kreuzblütler (z.B. Brokkoli, Blumenkohl) – Die Schutzschilde, die uns mit Schwefel versorgen und den Körper stärken.

Selen – Der Wächter der Zellen

Selen ist der Beschützer der Zellen, der dafür sorgt, dass der Körper vor oxidativem Stress verschont bleibt. Es ist wie ein Schutzschild, das die Zellen vor schädlichen freien Radikalen bewahrt. Selen hilft dabei, das Immunsystem zu stärken und den Körper vor den Gefahren des Lebens zu schützen. Es sorgt dafür, dass der Körper von innen heraus stark bleibt und sich vor Krankheiten schützt.

> *„Selen wirkt wie der Hüter der Zellen, der alles überwacht und sicherstellt, dass der Körper vor Schäden bewahrt wird."*

Lebensmittelquellen:
- Paranüsse – Die Schutzquellen, die uns mit Selen versorgen.
- Pilze – insbesondere Steinpilze
- Fische (z.B. Lachs, Thunfisch, Garnele) – Die Lebenskraft des Ozeans, die uns stärken.
- Eier – Die runden Helfer, die uns mit Selen versorgen und den Körper schützen.

Silizium – Der Stabilisator

Silizium ist wie der Boden, der die Struktur des Körpers festhält. Es stärkt das Bindegewebe und sorgt dafür, dass das Kollagen stabil bleibt, was für gesunde Haut, Haare und Nägel unerlässlich ist. Silizium ist wie der Kleber, der alle Zellen zusammenhält und den Körper stark und widerstandsfähig macht. Es hilft den Knochen, ihre Festigkeit zu bewahren, und sorgt für die nötige Stabilität.

„Silizium ist der Baustoff, der dafür sorgt, dass der Körper die richtige Struktur und Festigkeit behält."

Lebensmittelquellen:
- Haferflocken, Hirse – Die soliden Quellen, die den Körper stabilisieren und festigen.
- Kartoffeln – Die naturverbundenen Helfer, die uns mit Silizium versorgen.
- Erdnüsse – Die Lebensspender, die uns mit der nötigen Vitalität unterstützen.
- Vollkornprodukte – Produkte aus Vollkornmehl beinhalten mehr Nährstoffe, einschließlich Silizium, im Vergleich zu Auszugs-Mehlen.

Vanadium – Der Energieausgleicher

Vanadium balanciert den Zuckerspiegel im Körper. Es hilft dabei, den Stoffwechsel von Fetten und Kohlenhydraten zu regulieren und unterstützt das Insulin bei der Arbeit. Vanadium wirkt wie ein sanfter Ausgleicher, der dafür sorgt, dass alle Energiequellen im Körper harmonisch zusammenarbeiten.

„Vanadium hilft, den Körper mit der nötigen Energie zu versorgen und sorgt dafür, dass der Stoffwechsel gut funktioniert."

Lebensmittelquellen:
- Vollkornprodukte – Die stabilen Energieträger, die den Körper in Balance halten.
- Pilze – Die stillen Helfer, die uns versorgen und unsere Energie fördern.
- Kopfsalat - zählt zu den reichhaltigsten Quellen.
- Meeresfrüchte – Die ruhigen Quellen, die uns die nötige Vitalität für den Tag bringen, insbesondere Schalentiere und auch Seefische.

Zink – Der Regenerierer

Zink sorgt dafür, dass der Körper schnell heilt und wieder zu Kräften kommt. Es spielt eine entscheidende Rolle bei der Zellreparatur und der Immunkraft, hilft bei der Wundheilung und fördert den gesunden Zellaufbau. Zink ist der Schlüssel, der dafür sorgt, dass der Körper sich von innen heraus erholt, genauso wie der Handwerker, der das Gebäude wiederherstellt, nachdem es beschädigt wurde.

„Zink hilft dabei, den Körper stark und gesund zu halten und stellt sicher, dass alles an seinem Platz bleibt. Es ist an über 300 enzymatischen Reaktionen beteiligt und unterstützt wichtige Funktionen wie das Immunsystem, den Stoffwechsel und die Zellteilung.“

Lebensmittelquellen:
* Austern - sind die reichhaltigsten Zinklieferanten und bieten eine außergewöhnlich hohe Bioverfügbarkeit.
* Fleisch (insbesondere Kalbsleber) – Die starken Hüter, die uns mit allem versorgen, was wir brauchen.
* Nüsse – Die kleinen Helfer, die unseren Körper mit Zink versorgen und uns regenerieren, insbesondere Paranüsse.
* Kürbiskerne – Die göttlichen Samenkörner, die uns mit der nötigen Heilungskraft ausstatten.

Schlussgedanken zu den Mineralstoffen:

Mineralien und Spurenelemente sind die unsichtbaren Handwerker im Körper, die dafür sorgen, dass alles reibungslos funktioniert. Sie sind die Baumeister, die den Körper stabilisieren, die Energie bereitstellen und die Struktur aufrechterhalten. Ohne sie wäre der Körper wie ein Haus ohne Fundament oder ein Motor ohne Öl – instabil und funktional eingeschränkt.

Mit diesen Mineralien und Spurenelementen sind wir stark, widerstandsfähig und vital. Bereit, die Herausforderungen des Lebens zu meistern und unser Dasein in voller Gesundheit zu genießen.

Ein Plädoyer für das Wasser −Unsere Lebensquelle

Wasser ist die Quelle des Lebens, unaufdringlich und doch unentbehrlich. Es fließt durch den Körper wie ein ruhiger Fluss, der sanft und stetig seine Bahnen zieht und uns mit allem versorgt, was wir brauchen. Kein Getränk kann diese Reinheit und Frische ersetzen, die das Wasser mit sich bringt. Wie ein klarer Bergbach, der in die Täler hinabzieht, so spült es alle Verunreinigungen aus uns und belebt dabei Körper, Geist und Seele gleichermaßen.

In einer Welt, die sich so schnell dreht, sind wir oft geneigt, die Hektik des Lebens in uns aufzunehmen, doch Wasser bleibt der Ruhepol, der uns sanft an den Ursprung unseres Seins erinnert. Ein Glas Wasser, ein Tropfen der Stille und Klarheit, beruhigt das von Stress überflutete Gemüt. Es ist der lebendige Tropfen, der durch unsere Adern fließt, die Zellen nährt und Harmonie schenkt, wo Unruhe herrschte.

Warum andere Getränke, sei es in süßem oder bitterem Gewand, den Platz des Wassers einnehmen sollten, bleibt ein Mysterium. Denn in der Fülle der Aromen und dem künstlichen Zucker verlieren wir die Klarheit und die Reinheit des Wassers, das unseren Körper mit unverfälschter Lebensenergie versorgt. So wie der menschliche Geist in seiner einfachsten Form am klarsten ist, so zeigt sich auch der Körper im Einklang mit der Natur am gesündesten, wenn er das Wasser in seiner reinsten Form empfängt.

Und wie viel ist genug? Die Antwort liegt nicht in einer Zahl, sondern im Gefühl des Wohlbefindens. Der Körper, der in seinem Einklang mit der Natur lebt, wird stets dahin streben, sich selbst zu erfrischen. Dennoch, als grobe Richtlinie mögen zwei bis drei Liter täglich der Lebensquelle täglich genügen, um alles im Körper fließen zu lassen, ohne ihn zu überfordern.

Wasser – der Fluss, der das Leben erneuert, ist der Schlüssel, um uns in einem Zustand der Balance zu halten und uns von innen heraus reinigt. Es ist das Kristallklare, das uns das Wohlbefinden schenkt, nach dem wir suchen. So lasst uns dieses Geschenk der Natur ehren und ihm unsere höchste Wertschätzung entgegenbringen.

Ein Plädoyer für die gesunde Bewegung – Der Tanz des Lebens

Gesunde Bewegung ist der Puls des Lebens, das sanfte Rauschen der inneren Flüsse, die uns in Schwung halten. Sie ist nicht ein starker Sturm, der uns überfordert, sondern ein zartes Fließen, das sich durch den Körper zieht und ihm Lebenslust schenkt. Bewegung ist wie der Wind, der sanft durch die Bäume streicht und den stillen Wald zum Leben erweckt. Sie erfrischt die Seele und lässt den Körper in Harmonie schwingen, so wie die Wellen, die ruhig und stetig an die Felsen schlagen.

Gesunde Bewegung bedeutet nicht, sich in endlose Anstrengung zu stürzen, sondern den Fluss der eigenen Energie zu erkennen und zu pflegen. Sie ist der Tanz, der die Muskeln stärkt und den Geist befreit, ohne dass wir uns von der Last der Welt erdrücken lassen. Sie zeigt sich im Schreiten auf dem Weg, im Heben der Arme zu einem klaren Himmel, im sanften Bücken, um den Boden zu spüren. Jede dieser Bewegungen ist ein Stück gelebte Huldigung an den Körper, der sich in seiner wahren Form entfalten darf.

Gesunde Bewegung lässt sich in den Alltag einflechten wie ein zartes Gewebe, das sich in die natürlichen Rhythmen unseres Lebens einfügt. Ein

kurzer Spaziergang im Morgengrauen. Das Treppensteigen statt des Fahrstuhls, das Dehnen am Morgen und am Abend. All dies sind kleine Tanzschritte des Lebens, die den Körper mit Freude und Leichtigkeit erfüllen.
So wie das Wasser, das den Berg hinabfließt, braucht Bewegung keinen
großen Aufwand, sondern nur die Bereitschaft, sich dem Fluss des Lebens
zu überlassen.

Es sind nicht die endlosen Trainings-Stunden, die der Körper braucht,
sondern die Konstanz der kleinen Schritte. Etwa dreißig Minuten täglich
genügen, um den Körper mit der Energie zu versorgen, die er braucht, um
sich in seiner besten Form zu zeigen. Diese Zeit, die wir uns gönnen, ist
wie der Morgenregen, der die Erde erfrischt und alles zum Blühen bringt.

Gesunde Bewegung ist der Schlüssel, der uns die Freiheit schenkt, um
im Einklang mit uns selbst zu leben, den Körper zu heilen und den Geist
zu befreien. Sie ist die lebendige Melodie, die uns immer wieder auf den
richtigen Weg führt. So lasst uns diesen Tanz des Lebens in den Alltag
einfügen und ihn genießen – als ein festes Band von Gesundheit, Freude
und Ausgeglichenheit.

Anne's Gedicht

Gesundheit, die wir richtig pflegen,
sind wie Bäume, die kraftvoll leben.
Mit Nahrung gut, mit Geist und Mut,
Wächst er im Leben, stark und gut.

Bewegung täglich, achtsam sein,
Die Seele fröhlich, frei und rein,
Das gibt dem Körper neue Kraft,
Und hält des Lebensfunkens Saft.

Wer diesen Weg mit Freude geht,
Dem wird das Leben nie verweht.
Mit Herz und Geist in Einklang rein,
Wird er im steten Glück lebendig sein.

Denn wer in Harmonie sich wiegt,
Dem niemals die Balance verfliegt.
So sei gesund und froh zugleich,
Das Leben wird dann einfach reich.

Nachwort

Nun, da wir Anne's bewegende Reise in all ihren Höhen und Tiefen bis hierher verfolgt haben, möchte ich Dich, liebe Leserin und lieber Leser, dazu einladen, einen neuen Schritt zu wagen. Wenn Du beim Lesen gespürt hast, dass Anne's Geschichte in Dir einen Saitenklang geweckt hat – eine Sehnsucht, selbst im Einklang von Körper, Geist und Seele zu leben – so öffnet sich Dir nun ein Weg, den wir gemeinsam weiter beschreiten können.

Manchmal gleicht unser Leben einem großen, unübersichtlichen Garten, in dem wir uns zwischen dornigem Gestrüpp und farbenprächtigen Blumen wiederfinden. In solch einem Garten gilt es, nicht nur das Unkraut zu zupfen, sondern auch den verborgenen, kostbaren Pflanzen eine Chance zu geben, zu wachsen und zu blühen. Gern möchte ich Dich darin unterstützen, Deinen eigenen Garten neu zu gestalten – sei es durch eine entschlossene Fastenwoche, die den Körper reinigt und einen klaren Geist fördert, oder durch Kurse, die Deine mentale Stärke vertiefen und das innere Gleichgewicht festigen.

Ich biete Gruppen- und auch Einzelformate an, in denen wir uns jenseits starrer Konzepte auf das Wesentliche fokussieren: das Wachsen und Gedeihen des Einzelnen, so wie auch des Miteinanders. Zudem begleite ich Dich gerne dabei auf Deine innere Stimme zu hören. Damit Du in Dir selbst ein starkes Fundament baust, auf dem sich all diese Veränderungen nachhaltig entfalten können.

Fühl Dich herzlich eingeladen, Dich rasch mit mir in Verbindung zu setzen, wenn Du in Anne's Geschichte den Anstoß für Deine eigene Entwicklung erkennen kannst.

Ob Du nun als Einsteiger erste Schritte oder als Fortgeschrittener weitere wagen willst, um nach neuen Wegen für Deine Familie zu suchen oder Deine innere Kraft aufblühen lassen möchtest – *„Gemeinsam befreien wir das Potential Deiner in Dir angelegten strahlenden Vielfalt, die Du Dir schon immer in Dein Leben gewünscht hast!"*

Melde Dich gern! Ich freue mich darauf, Dich persönlich kennenzulernen und ein Stück weit mit Dir gemeinsam, Deinen ganz individuellen Pfad des Wachsens beschreiten zu dürfen.

Auf dass unsere beiden Gärten zu Oasen der Gesundheit, Freude und Inspiration für uns und unsere Mitwelt werden!

Dein Otto Frühbauer